조이 도우슨의 하나 됨

당신이 하나님을 더 깊이 알아 가고 더 널리 알리는 사람이 되는 것, 이 책에 담겨진 예수전도단의 마음입니다. 말씀을 통해 저자가 깨닫고, 원고를 통해 저희가 누릴 수 있었던 그 감동이 책을 통해 당신에게도 전해지기 원합니다. 그리고 당신을 통해 그 기쁨과 은혜가 더 많은 이에게 계속해서 흘러가기를 기도하겠습니다. 이 책을 통해 당신이 받은 은혜를 다른 분들에게도 나눠 주십시오. 사랑하고 축복합니다.

All Heaven will Break Loose
Copyright ⓒ 2012 by Joy Dawson
Korean Copyright ⓒ 2013 by YWAM Publishing Korea

본 저작물의 한국어판 저작권은 도서출판 예수전도단에 있습니다.
저작권법에 의해 보호받는 저작물이므로 무단 전재와 복제를 금합니다.

우리가 잃어버린 마지막 부흥의 열쇠

조이 도우슨의
하나 됨

조이 도우슨 지음 | 유정희 옮김

예수전도단

● 한국어판 서문

친애하는 한국 독자들에게

연합, 서로 하나 되는 것에 관한 중요한 메시지를 여러분에게 전하게 되어 무척 기쁩니다. 왜냐하면 하나 됨은 하나님이 굉장히 소중하게 여기시는 주제이기 때문입니다. 게다가 하나님의 말씀에서 더 많은 진리를 배우려고 하는 여러분의 깊은 갈망이 느껴지니, 어찌 기쁘지 않을 수 있을까요. 이런 점들은 제게 큰 힘이 되며, 그래서 매우 감사합니다.

우리 주 예수님은 이 세상의 모든 사람에게 복음의 진리가 전파되면, 그분의 신부인 교회를 하늘나라로 데려가기 위해 이 땅에 다시 오겠다고 말씀하셨습니다(마 24:14). 또한 비그리스도인들에게 그분의 신성을 알리고, 하나님이 그분의 아들을 사랑하신 것처럼 오늘날의 제자들도 사랑하신다는 것을 전하라고 말씀하셨습니다. 그리고 그렇게 하려면 우리 삶 속에서 성경적인 연합을 이루는 노력이 필요하다고 말씀하셨습니다(요 17:23).

사랑하는 한국의 그리스도인들이여, 저는 여러분이 성령의 능력 안에서 '연합하면 승리한다'는 진리를 삶의 양식으로 삼는 것이 얼마나 중요한지 깨닫길 바랍니다. 이 책은 저의 여섯 번째 책으로, 분명히 여러분에게 도움이 될 것입니다. 이 책에는 하나님의 말씀과 그 말씀을 생생하게 보여 주는 강력한 예시가 가득해서, 여러분이 '주 예수님의 형상을 더욱 닮아 가도록' 도와줄 것입니다. 그것이 저의 가장 큰 바람이며 이 책의 목적입니다. 저와 함께 이 일에 동참하겠습니까?

사랑을 담아
당신의 작가 친구
조이 도우슨

● 감사의 글

언제나 그렇듯이 가장 먼저 하나님께 큰 감사를 드립니다. 그분은 제가 어려운 환경 속에서도 이 책을 쓸 수 있도록 놀라운 은혜를 베풀어 주셨습니다.

또 제가 질문할 때면 유익한 조언을 해주고, 이 일에 우선적으로 시간을 쓸 수 있도록 배려해 준 사랑하는 남편, 짐에게 깊은 감사를 드립니다. 짐은 불평 없이 기꺼이 무거운 짐을 지어 주었습니다.

이 프로젝트를 위해 제가 손으로 쓴 원고를 모두 컴퓨터에 입력해 준 YWAM 로스앤젤레스의 간사 제시카 호버에게 감사합니다. 제시카는 하나님이 제게 보내신 놀라운 선물이었습니다. 그 친구는 겸손하고 성실하고 능숙하며 함께 일하고 싶은 사람입니다.

저는 소수의 중보자 친구들에게만 연락하여 이 프로젝트를 위해 기도해 달라고 부탁했습니다. 하나님이 신실한 그들에게 큰 상급을 주고 복 주시기를 기도합니다. 저에게 그들의 기도가 얼마나 필요했는지 모릅니다!

● 헌정사

국제화해연합(International Reconciliation Coalition)의 창립자인 나의 사랑하는 아들 존에게 이 책을 바칩니다. 하나님의 능하신 손 아래에서 이루어지는 이 역사적인 운동은 1990년에 설립되어, 전 세계적으로 분열되었던 사람들과 사회가 하나 되게 하는 데 강력한 촉매제 역할을 해 왔고, 지금도 그러합니다.

우리 시대에 가장 의미 있는 운동 중 하나를 이끌어 가기 위해 토기장이의 손 안에서 기꺼이 깨진 그릇이 된 존을 높이 칭찬하고 싶습니다. 그 운동은 요한복음 17장 21절에 나오는 "아버지께서 내 안에, 내가 아버지 안에 있는 것 같이 그들도 다 하나가 되어 우리 안에 있게 하사 세상으로 아버지께서 나를 보내신 것을 믿게 하옵소서"라는 예수님의 기도와 직접 관련된 것입니다.

존의 중요한 사역들이 내게 힘이 되었듯이, 국제 YWAM의 총재를 맡고 있는 그에게 이 책이 큰 힘이 되기를 소망합니다.

● 추천사

이 책은 아마도 나의 어머니, 조이 도우슨의 책 중에서도 가장 중요한 책이 될 것이다. 그리스도인인 우리를 괴롭히는 문제의 핵심에 접근하여 해결책을 제시해 주기 때문이다. 이 책을 통해 나는 기쁨과 용기를 얻었다.

전 세계의 여러 네트워크와 운동을 섬기고, 가장 최근에는 YWAM의 총재로 섬기면서 깨달은 것이 하나 있다. 바로 우리의 마음이 분열되면, 가장 중요한 계획과 프로젝트들이 실패하게 된다는 것이다. 주님의 지상명령을 성취하는 가장 큰 프로젝트도 마찬가지다.

바로 얼마 전에 리더들이 모인 큰 집회가 열렸다. 그 자리에서 예수에 관한 영화 사역을 펼친 세계적인 리더인 폴 애슐먼(Paul Eshleman)은 하나 됨이라는 주제에 관해 이렇게 말했다. "우리는 예수님이 하나님의 아들이라는 증거로 부활을 내세웠습니다. 하지만 요한복음 17장은 그분을 따르는 자들이 사랑으로 하나가 되는 것이 그 증거임을 보여 줍니다."

오늘은 새날이다. 고(故) 데이비드 두 플레시스(David du Plessis)

같은 선구자들은 우리를 종파 분열이라는 황무지에서 끌어내기 위해 대가를 치렀다. 오늘날에는 수동적, 배타적, 독립적이라기보다 서로 보완하는 역할을 하는 운동과 교파들을 더 흔히 볼 수 있다. 그리스도인의 연합에 대한 친첸도르프(Zinzendorf, 독일의 경건주의 기독교 지도자) 백작의 꿈은 어느 정도 이루어졌다. 그런데도 우리는 여전히 종교적 논란과 리더십의 교만에 쉽게 상처를 받는다. 그러나 예수님이 우리를 도와주신다.

나는 연합의 본을 보이신 우리 부모님께 깊이 감사드린다. 64년 동안 화목한 결혼 생활을 해오신 것도 그렇고, 그동안 신실하게 큰 영향력을 끼치며 살아오신 것도 그렇다. 그분들은 이 책대로 살아오셨다. 우리도 그렇게 한다면 엄청난 일이 벌어질 것이다.

YWAM 총재
존 도우슨

● 추천사

'하나 됨'에 대한 굶주림 때문일까? 아니면 저자에 대한 신뢰 때문이었을까? 그것도 아니면 깨어진 교회와 공동체를 향한 안타까움 때문이었을까? 이 책은 이 모든 게 맞아떨어지는 책이었다. 이 책은 '삼위일체'를 모티브로 성경적 하나 됨의 개념과 능력을, 하나님의 음성에 순종하며 평생을 살아온 저자만의 깊은 묵상 속에 놀랍게 담아냈다.

지금은 '먼저'와 '나중'의 논리가 다스리는 시대다. 개인과 가정, 직장과 교회, 사회 전체가 "당신이 먼저 하면 나도 하겠다"며 팽팽하게 맞선다. 그러다 보니 대립하거나 결별하는 일들이 비일비재하다. 그러나 하나 됨은 '내가 먼저'로부터 출발한다. 내가 먼저 용납하고 이해하고 용서하고 섬겨야 한다. 이것이 예수님의 사랑이며 회복과 승리의 열쇠다. 이 책을 통해 하나 됨이라는 그릇에 그분의 용서와 사랑이 담길 때, 어떤 일이 일어나게 될지 감히 기대해 본다.

만나교회 담임목사
김병삼

• 추천사

다양한 삶의 원리를 성경에서 찾으며, 평범하지만 가장 지혜로운 삶의 길을 열어 온 조이 도이슨 여사는 이 시대에 가장 필요하고 중요한 삶의 원리를 하나님과의 깊은 교제를 통해 우리에게 전해 준다. 실용주의와 자기중심주의, 그리고 포스트 모더니즘의 사상과 문화로 분열되고 깨져 가는 교회와 이 세상 속에, 하나 됨의 의미와 필요성, 그리고 그것이 만들어 가는 능력 있는 삶의 아름다움을 전해 준다.

이 책은 성경과 깊은 묵상, 그리고 하나님과의 교제를 통해 깨달은 온전한 연합과 일치의 신비로움을 현실 속에서 구체적으로 실천하도록 제시한다. 이 시대 교회와 그리스도인을 향한 주님의 외침을 이 책의 독자들도 함께 듣기를 기대한다. 교회와 이 시대를 붙들고 기도하며 고민하는 사람들에게 어디로 가야 할지, 무엇을 해야 할지 알려 주는 귀한 안내서다.

동안교회 담임목사, 장로회신학대학교 겸임교수
김형준

● 서문

작은 지진 하나로 모든 것이 확실해졌다. 나는 그날을 절대로 잊지 못할 것이다!

로스앤젤레스 지역의 주요 목회자 십여 명이 모인 날이었다. 그날 모인 목회자들은 각자 독립된 사상가인 동시에 하나님의 말씀과 예수 그리스도의 증거에 헌신한 현명한 사람들이었다. 모두 복음주의 공동체의 각기 다른 분야에서 일하는 사람들이었고, 모두 열매 맺는 사역을 하고 있었으며, 모두 나의 아침식사 초대에 응했다. 나는 성령의 감동을 받아 그들을 한데 불러 모았다. 그리고 나와 함께 더 큰 도시에서 더 많은 목회자를 모아 한 팀을 이루어, 기도의 능력을 발휘해 보자고 제안했다.

아침식사를 마친 후, 내 사명에 대한 느낌을 구체적으로 이야기했다. 나는 민족학적으로나 신학적으로, 사회학적으로, 또한 세계적으로 중요한 부분을 차지하고 있는 로스앤젤레스의 목회자들 없이는 그 사명을 완수할 수 없다는 걸 알았다. 나는 3개월 전 어느 날 아침에 주님이 나를 어떻게 일깨워 주셨는지 형제들에게 이야기했고, 그들을 향해 "로스앤젤레스가 파멸되지 않도록 기도해 주세요" 하고 말했다.

나는 3개월 전 그 순간에 내가 얼마나 웃었는지도 말해 주었다. 하나님을 비웃거나 내 마음에 주신 주님의 '말씀'을 조롱해서가 아니라, 바로 나 자신을 비웃었던 것이다. 나는 그분이 주님이시고 내가 순종해야 한다는 걸 안다. 그러나 동시에 '예언자들'이 정해진 날짜에 도시가 파멸될 것을 여러 번 예고했으나 아무런 일이 일어나지 않은 것도 안다. 그래서 '아마 그들 모두 이렇게 시작했을 거야!'라고 생각했다. 나는 계속해서 말했다. "저를 믿고 제 말을 끝까지 들어 주셔서 감사합니다. 이 일은 여러분의 조언을 따르고 싶습니다."

나는 그들에게 세 가지를 더 이야기했다.

첫째, 그날 아침 주님이 나에게 이 일을 위해 기도하도록 깊은 감동을 주셨고, 내가 기다리자 성령님이 즉시 그 일에 집중하게 해주셨음을 설명했다. 나는 지금 로스앤젤레스의 '미래'를 이야기하는 것이 아니다. 로스앤젤레스는 '지금' 파멸하고 있다! 나는 결혼 생활과 건강, 사업, 자녀, 정신 상태, 희망과 꿈을 '파멸하고' 있는 사회적·정신적 고통을 물리쳐 주실 것을 기도하도록 마음 깊이 이끌림을 받았다. (그해에 여러 가지 불치병으로 수천 명이 사망할 거라는 전망이 나온 터라, 하나님의 마음에서 나온 '파멸'의 목소리가 더 크게 들렸다.)

둘째, 나는 이것을 〈LA 타임즈〉(*LA Times*)에 실린 최근 기사와 연관 지어 보았다. 그 기사는 지진학자들이 로스앤젤레스의 재난 대책 기관을 위해 만든 보고서로, 진도 7.0의 강진이 발생했을 때 처음 나흘 동안 일어날 시나리오를 발표한 것이다. 지진학자들은 평일 5시에 시내에서 서쪽으로 지진이 퍼진다는 재난을 가설로 세우고, 그때 일어날 일을 중점적으로 다루었다. 그 보고서는 파괴와 화재, 사고 후 재난 관리 기관들의 이동성의 제한 등으로 사망자 수가 2만 명을 넘어설 거라고 전망했다. 게다가 일반적인 대변동과 부서진 급수 본관 때문에 적어도 나흘에서 이레 동안 화재가 계속될 거라고 예측했다. 상상할 수 없을 만큼 충격적인 상황이다.

셋째, 나는 문제는 이런 극적인 자연재해뿐만이 아니라는 것, 그리고 "LA가 파멸하지 않게 기도하라"는 하나님의 명령을 받았음을 분명히 밝혔다. 그리고 우리의 리더십을 통합하고 목회자들을 불러 모으며 우리가 연합하는 본을 보여 줌으로써, '기도로 도시를 변화시킬 수 있다고 믿는 온 교회'가 함께 기도해야 한다고 계속해서 피력했다.

나는 아침식사 후 발언을 마치고 이렇게 말했다. "형제들이여, 그것이 제가 오늘 여러분을 이곳으로 부른 이유입니다. 끝까지 들어 주셔서 감사합니다." 약 3초 동안 침묵이 흘렀다. 그리고 지진이 발생했다! 테이블과 창문이 흔들리는 진도 2.0 정도의 지진이 5초가량 지속되었다. 이때가 내 생애 가장 극적인 순간이었다. 우리는 모두 몹시 긴장했다가 매우 진지해졌고, 곧 안심하는 표정으로 서로 바라보았다.

그중 한 사람이 말했다. "우리가 뭘 해야 하는지 알 것 같아요!" 즉각적인 합의와 유대감이 형성되어 우리를 연합시켰고, 우리의 리더십으로 로스앤젤레스의 목회자들을 모아 기도하기로 결정했다. 교단이나 교파에 상관없이 말이다. 이 이야기는 계속된다. 우리는 7년 동안 일 년에 세 번 모임을 가졌고, 평균적으로 5백 명의 목회자가 모여 열정적인 기도와 예배를 드리고 중보기도를 했다. 우리는 그 모임을

"LOVE L. A. and PRAY"라고 불렀다. 모임 후에 목회자들이 그들의 양 떼에게 돌아가 우리의 연합을 이야기하면, 수많은 성도가 각성하여 새로운 차원의 기도를 드렸다!

***

내가 조이 도우슨의 책에 서문을 쓰면서 이 이야기를 하는 이유는 이 일이 다음과 같은 사실들을 잘 보여 준다고 믿기 때문이다. 첫째, 하나님은 우리에게 분리주의를 극복하라고 명령하신다. 둘째, 우리가 귀 기울일 때 성령님은 우리를 깨우치는 증거를 보여 주신다. 셋째, 우리 주 예수님이 그분의 백성을 연합의 힘으로 전진하게 하신다.

마지막으로 세 가지만 더 이야기하겠다.

먼저, 우리는 세계의 도시와 국가가 파멸되지 않도록 기도해야 한다. 성령의 불타는 열정으로, 세상이 파괴되고 있다는 것을 깨달아야 한다. 지금 우리의 대적, 파괴자가 일하고 있다!

다음으로, 축복받은 우리는 이 책에 포함된 '하늘로부터 오는 말씀'에 감동할 것이다! 조이 도우슨(조이는 우연히 LA에 있을 때 그 기도 모임에 여러 번 참석했다)은 은사를 받은 훌륭한 교사이며, 예언자의 목소리를 가지고 있다. 특히 기도를 주제로 할 때 더 그렇다.

마지막으로, 매우 실제적이고 역동적인 의미에서 이 책은 지진이 일어나는 것 같은 지금 시대의 우리에게 진리를 전해 주고, 우리를 일깨워 결단하게 한다. 지금 전 세계는 몹시 중대하고 파괴적인 '격동의' 시기를 보내고 있다. 나의 고국인 미국에서는 더 필사적이다.

나는 이 책에 깊은 감동을 받았다! 이 책은 나를 새로이 흔들어 놓았다. 실제적인 대개혁은 모든 사람이 다른 사람과 손을 잡게 할 것이다! 이제는 온 교회가 충격을 받아 서로 힘을 합쳐야 할 때다. 땅이 흔들리고 있다.

처치 온 더 웨이 담임목사
잭 헤이포드

● 목차

한국어판 서문 4
감사의 글 6
헌정사 7
추천사 8
서문_잭 헤이포드 12

chapter 1 리더가 하나님의 우선순위 안에서 일할 때   21

chapter 2 가장 이상적인 연합의 모델   41

chapter 3 삼위일체 연합의 특성   53

chapter 4 연합은 어떻게 나타나는가   65

chapter 5 연합을 이루는 그룹에 필요한 원칙들   73

chapter 6 연합하지 않는 사역은 불가능하다   83

chapter 7	용서해야 연합한다	97
chapter 8	한 나라를 구한 팀워크	121
chapter 9	전쟁에서 승리하는 팀워크	159
chapter 10	힘든 환경 속에서도 계속되는 연합	181
chapter 11	삼위일체 연합에 헌신하는 사람들의 특징	193
chapter 12	세상을 하나님께 인도하는 연합의 역동성	207

CHAPTER 1

리더가 하나님의 우선순위 안에서 일할 때

내가 뉴질랜드 오클랜드에서 살 때의 일이다. 그때 다니던 침례교회의 주일 아침 예배가 끝나갈 무렵, 헤이즈 로이드(Hayes Lloyd) 목사님이 매우 분명하고 강한 확신의 어조로 말씀하셨다.

"설교는 끝났지만, 예배는 아직 끝나지 않았습니다."

나는 얼른 남편 짐에게 이렇게 속삭였다. "틀림없이 그거예요!" 일주일 내내 목사님을 위해 중보기도하는 동안 성령님이 나에게 계시해 주신 것이 있었다. 주일 아침에 하나님이 로이드 목사님에게 뭔가 어려운 일을 하도록 요구하실 거라는 사실이었다. 그래서 나는 하나님의 은혜와 능력이 목사님에게 임하여, 그 일이 무엇이든지 온전히 수행되도록 기도했다! 열렬하게, 수시로 믿음 안에서 기도했다.

목사님은 하나님이 주신 담대함과 두려움 없는 모습으로, 이런 역사적인 말씀을 하셨다. "라벨을 찢어 버립시다. 그리스도의 몸을, 그리고 한 교회인 우리를 나누는 라벨들 말입니다."

목사님은 그중 몇 가지를 열거하셨다. "복음주의자, 오순절파, 카리스마파, 아르메니안, 칼뱅주의자, 침례교, 루터교, 로마 가톨릭교, 장로교, 감리교, 성공회, 그 외에도 마음속으로 우리를 나누는 라벨은 수없이 많습니다. 분명히 우리 안에 다양성은 존재하지만, 이런 것들이 우리 정체성의 본질인가요? 그 위상이 너무 높아진 부차적인 라벨들을 모두 찢어 버리고, 세상 사람들에게 우리를 말할 때는 단순히 그리스도인, 그리스도의 사람으로만 알려지도록 합시다."

그러고 나서 목사님은 연합하지 않으므로 범한 교만과 편견의 죄들을 하나님 앞에 회개하라고 촉구하셨다. 목사님은 그 일을 하는 방법을 제안하거나 명령하지는 않으셨다. 각 사람의 역사와 그리스도의 몸의 다른 부분들에 대한 태도는 오직 하나님만이 알고 계셨다.

나는 사람들이 즉시 강단 바닥에 고개를 숙이고 엎드려 하나님 앞에 눈물을 흘리던 모습을 기억한다. 성령님이 교회와 하나님의 백성 위를 휩쓸고 가시자 많은 사람이 무릎을 꿇고 고개를 숙인 채 깊이 회개했다. 뉴질랜드의 침례교 연합회 회장이었던 로이드 목사님은 1960년대에 복음주의자들이 회복 운동에 애쓰고 있을 때, 성도들을 하나 되게 하는 일에 하나님께 쓰임 받으셨다. 연합을 위해 목사님은 하나님을 두려워하고 그분께 순종하며 성도들을 인도했다. 이 일은 성령님이 우리를 아주 새롭게 역사하시도록 이끌었으며, 과거에 서로 멀어졌던 사람들을 다시 모으는 일을 비롯하여 교회 생활의 모든 부분에 영향을 미쳤다.

특히 오늘날 하나님을 두려워하는 영적 리더들이 얼마나 많이 필요한가! 하나님의 백성을 불러 모아 하나 되게 해서 하나님의 거룩한 말씀에서 나오는 의의 기준들을 따라 살게 할 리더들 말이다. 예수님은 분명하고 간결하게 말씀하신다. "스스로 분쟁하는 나라마다 황폐하여질 것이요 스스로 분쟁하는 동네나 집마다 서지 못하리라"(마 12:25).

어느 신혼부부가 말다툼을 하는 중이었다. 아내가 갑자기 왼손을 들어 올려 결혼반지를 가리키며 말했다. "기억나요? 우린 같은 팀이라고요!"

존 갈링턴(John Garlington) 감독이 말했듯이 우리는 "그리스도인의 사랑 안에서 우리 마음을 묶고 있는 끈이 복되도다"라고 찬양을 부르지만, 안타깝게도 매듭 때문에 그 끈을 보지 못하는 경우가 종종 있다.

예수 그리스도가 우리의 주님이심을 믿는다면, 또 우리 죄를 사함 받고 영생을 얻는 유일한 길이 그리스도께서 십자가 위에서 이루신 일임을 믿는다면, 다음 사실을 상기해야 할 것이다.

우리는 같은 팀이다

우리는 모두 같은 아버지(하나님)를 두었다.
우리는 모두 같은 구세주(예수님)를 믿는다.
우리는 모두 같은 능력을 주시는 분(성령님)을 두었다.
우리는 모두 같은 교재(성경)를 받았다.
우리는 모두 같은 원수(사탄)가 있다.
우리는 모두 같은 명령(지상명령)을 받았다.
우리는 모두 같은 약속(내가 항상 너와 함께하리라)을 받았다.
우리는 모두 같은 목적지(천국)가 있다.
우리는 모두 같은 임무(천국의 복들을 땅으로 가져오는)를 받았다.

우리는 모두 영원한 시간을 함께 보내게 될 것이다. 그러므로 연합이라는 사상에 익숙해져야 한다는 사실을 받아들이자. 또한 예수님이 요한복음 17장에서 우리를 위해 아버지께 네 번이나 기도하신 그 연합이 우리를 이롭게 한다는 것을 이해하자. 결국 하나님은 예수님의 기도에 응답해 주신다. 삼위일체 하나님은 온전한 조화를 이루시기 때문이다. 요한복음 17장 23절에 나오는 예수님의 기도는 우리가 이 땅에서 연합, 즉 삼위일체의 연합을 경험하게 해 달라는 기도다.

> 내가 그들 안에 있고 아버지께서 내 안에 계시어 그들로 온전함을 이루어 하나가 되게 하려 함은 아버지께서 나를 보내신 것과 또 나를 사랑하심 같이 그들도 사랑하신 것을 세상으로 알게 하려 함이로소이다.

놀랍다! 말할 수 없이 아름답다! 이는 가능한 일이며, 목적이 확실한 일이다!

하나님은 영적 리더들을 통해 여러 방법으로 우리가 연합을 이루게 하셨다. 하나님은 하나의 틀 안에 갇히지 않으신다. 성령의 역사에 온전히 순종하는 자들은 그분이 전혀 예측할 수 없는 분이심을 안다. 영적 리더들이 진심으로 하나님께 헌신하기 위해 자신들은 아무것도 아닌 존재가 되기로 결심했을 때, 그럴 때 '일'이 일어난다. 여기서 '일'이란 사람이 아닌 예수님께 영광을 돌리는 일이다.

요한복음 17장 22절에서 예수님은 제자들의 연합을 간절히 구하시면서, 그 연합과 자신의 영광을 연관 지으신다.

내게 주신 영광을 내가 그들에게 주었사오니 이는 우리가 하나가 된 것 같이 그들도 하나가 되게 하려 함이니이다.

우리는 같은 문제에 직면해 있다

이 책을 쓰는 동안 남편과 나는 지금까지 내가 이야기한 삶을 실천하며 사는 영적 리더의 아름다운 본보기를 가까이서 지켜보았다. 주일 오전 11시 예배가 끝나갈 무렵이었다. 리키 템플(Ricky Temple) 목사님은 처치 온 더 웨이(The Church on the Way) 교인으로서 우리가 주변의 가난하고 궁핍한 사람들의 필요를 채워 주는 일에 더 적극 참여해야 한다고 진심으로 이야기하셨다.

예를 들어 목사님은 우리 교회의 건물 밖에 언제든 노숙자들이 찾아와 샤워를 할 수 있는 공간을 만들면 좋겠다고 제안하셨다. 계속해서 리키 목사님은 그들이 처한 상황이 얼마나 끔찍하며 우리 교회 밖에 있는 사람들의 필요가 얼마나 절박한지, 또 예수님이 그러신 것처럼 그들에게 복음을 전하고 싶은 마음이 얼마나 간절한지 말씀하셨다.

목사님은 갑자기 말씀을 멈추고 고개를 떨어뜨리더니 두 손으로 얼굴을 가리고 울기 시작하셨다. 목사님은 수석 부목사님에게 예배를 마무리해 달라고 부탁하셨다. 바로 부목사님이 나왔고, 목사님은 여전히 성령님의 깊은 감동을 받아 고통 중에 있는 잃어버린 자들을 향한 무거운 마음을 안고 맨 앞줄에 앉아 계셨다.

이 일은 성도들을 강력하게 연합시키는 효과가 있었다. 많은 사람이 성령님이 말씀하고 행하시는 일을 목격했다. 우리는 진심으로 손뼉을 쳤다. 어떤 이들은 일어서서 머리 위로 양손을 흔들며 자신들이 온 마음으로 반응하고 있음을 표현했다. 리키 목사님은 하나님의 마음을 전하기 위해 어려운 일을 하셨다. 교회 성도로서 우리는 목사님에게 이런 말을 꼭 전하고 싶었다. "우리는 성령 안에서 당신과 하나입니다. 하나님이 우리에게 무엇을 명하시든 우리는 그대로 행할 것입니다. 사랑하는 하나님의 사람이여, 우리를 계속 인도해 주소서."

나는 침례교인인 제임스 로비슨(James Robison)과 가톨릭교도인 제이 리처즈(J. Richards)가 공동 저서를 출간한 것을 매우 감사하게 생각한다. 이 두 저자는 그들의 책에서 모든 그리스도인은 예수님이 기도하신 이 연합에 단호한 태도를 취해야 한다는 메시지를 분명하게 전했다. 그 내용은 그들의 탁월한 새 책《분리

될 수 없는》(*Indivisible*)에 담겨 있다. 다음은 그 책에서 발췌한 내용이다.

우리는 공공 정책상의 방어적인 연합을 넘어, 더 깊고 지속적인 연합을 위해 노력해야 한다. 중요한 교리상 서로 일치하지 않는 부분이 있기는 하지만, 우리는 중요한 신념들과 도덕적 원칙들을 공유하고 있으며 또 같은 하나님을 예배한다. 지난 2년 동안 우리 둘은 많은 가톨릭교와 개신교 리더를 만났고 미국 전역의 많은 그리스도인과 이야기를 나누었다. 그리고 그들에게서 같은 말을 계속 들었다. 요지는 '우리는 비록 서로 다르나, 그럼에도 성령님이 유대교와 기독교 전통에 속한 모든 사람을 한데 모으고 계신 것 같다'는 것이었다. 우리는 전체 문화의 유익을 위해 하나님이 교회에 성령을 부어 주기 원하신다고 확신한다. 하나 됨이 같음을 의미하는 것은 아니다. 연합에 근거한 다양성은 좋은 자산이 될 수 있다. 우리가 우리 문화의 빛과 소금이 되려면, 일관된 목소리로 어둠의 근원을 이해하고 설명할 수 있어야 한다.

위의 내용은 이 역사적이고 시기적절한 책의 '빙산의 일각'에 불과하다.

이제 곧 우리 주님이자 구세주이신 예수 그리스도가 재림하실 것이다. 사탄의 세력은 그들에게 주어진 시간이 얼마 남지 않았다는 것을 잘 알고 있다. "그러므로 하늘과 그 가운데에 거하는 자들은 즐거워하라 그러나 땅과 바다는 화 있을진저 이는 마귀가 자기의 때가 얼마 남지 않은 줄을 알므로 크게 분 내어 너희에게 내려갔음이라 하더라"(계 12:12).

사탄은 세력을 합해, 인간의 삶을 파괴하기 위한 가장 악하고 가증스러운 계획들을 쏟아 냈다. 특히 가장 힘없고 연약한 어린이들을 공격했다. 순진한 어린아이들을 납치하여 성도착적 성매매를 시킨 극악무도한 일은 생각만 해도 끔찍하다. 성경은 우리에게 이렇게 경고했다. "도둑이 오는 것은 도둑질하고 죽이고 멸망시키려는 것뿐이요"(요 10:10).

우리 믿는 자들이 연합하여 믿음으로 하나님께 부르짖어야 한다. 이 귀한 아이들을 지옥 같은 삶에서 구원해 달라고 간절히 기도해야 한다. 짐과 나는 오랫동안 그렇게 기도해 왔다. 이 기도는 중보기도 제목들 중에서도 우선순위에 있다. 하나님은 하나님의 성품을 아는 자와 힘없는 사람을 돕는 자를 연합시키신다.

> 그는 가난한 자와 궁핍한 자를 변호하고 형통하였나니 이것이 나를 앎이 아니냐 여호와의 말씀이니라(렘 22:16).

약탈자들은 식량이 매우 부족한 네팔 산지의 마을에 몰래 접근하여 어린아이들을 납치한다. 그들은 아이들에게 먹을 것을 주며 잘살게 해주겠다고 약속하고는 철창 안에 가두어 버린다. 그러고는 자기들의 성욕을 채우기 위해 짐승보다 못한 짓을 한다.

나는 하나님이 이런 극악무도한 행위들을 놓고 그분의 백성이 간절히 중보기도하길 원하신다는 것을 예레미야 9장 20-21절에서 들었다. "부녀들이여 여호와의 말씀을 들으라 너희 귀에 그 입의 말씀을 받으라 너희 딸들에게 애곡하게 하고 각기 이웃에게 슬픈 노래를 가르치라 무릇 사망이 우리 창문을 통하여 넘어 들어오며 우리 궁실에 들어오며 밖에서는 자녀들을 거리에서는 청년들을 멸절하려 하느니라."

성매매는 이미 세계 경제에서 놀라울 정도로 큰 부분을 차지하고 있다. 굉장히 충격적인 일이다. 하나님의 형상으로 지음 받은 귀한 아이들의 모습이 하나님의 마음을 얼마나 아프게 할까. 예수님은 "누구든지 나를 믿는 이 작은 자 중 하나를 실족하게 하면 차라리 연자 맷돌이 그 목에 달려서 깊은 바다에 빠뜨려지는 것이 나으니라"(마 18:6)고 말씀하시며, 이어서 매우 중요한 말씀을 하신다. "삼가 이 작은 자 중의 하나도 업신여기지 말라 너희에게 말하노니 그들의 천사들이 하늘에서 하늘에 계신 내 아버지의 얼굴을 항상 뵈옵느니라"(10절). 이 말씀은 하나님이 그 어린

아이들을 위해 지시하시면 언제든 움직이기 위해 천사들이 하나님을 바라보며 경계하고 있다는 뜻이다. 그리고 우리는 하나님께 천사들을 시켜 그 아이들을 구해 달라고 믿음으로 간구할 수 있다. 또 반대로 그런 일에는 개의치 않고, 우리에게 그보다 더 중요한 일이 있다고 생각할 수도 있다.

하나님은 여러 방법으로 이 연약한 아이들을 구해 내실 수도, 사랑 많은 기독교 고아원이나 가정으로 보내 주실 수도 있다. 또 6절의 끔찍한 경고는 그 아이들을 성적으로 학대한 자들에게 반드시 임할 심판을 아파하시는 하나님의 사랑에서 나온 것이다. 중보기도의 장소에서 성령님은 짐과 내가 그들에게 거룩한 부담감을 느끼게 하셨고, 휩쓸고 지나가는 영적 각성의 파도가 그들에게 미칠 거라는 믿음도 주셨다. 수많은 기독교 사역자와 사회사업가가 그 문제를 위해 애썼다. 비록 그 과정이 괴로울 정도로 더디게 진행되고 있지만, 우리는 그들의 일에 동참하며 후원해야 한다. 세상에는 사회적 변화를 일으킬 영적 돌파구가 필요하다.

부흥이 변화를 일으킨다

다음은 던컨 캠벨(Duncan Campbell)의 전기에서 인용한 글이다.

그는 스코틀랜드 헤브리디스 제도 부흥운동 때 하나님께 강하게 쓰임 받은 사람이다. 이 글은 우리의 확신을 잘 설명해 준다.

하나님의 임재는 집에서나 교회에서나 길가에서나 어디에서나 존재하여, 피할 수 없는 보편적 사실이 되어 버렸다. 공기 자체가 신성한 생명력으로 울렁이는 것 같았다. 어느 날 밤, 한 남자가 크게 근심하며 목사관으로 찾아왔다. 목사가 그를 서재로 데려가 물었다. "어떻게 오셨습니까? 예배 때는 한 번도 못 뵈었던 것 같은데요." 그가 대답했다. "저는 교회에 다닌 적이 없습니다. 하지만 사방에 부흥이 일어나서 도저히 성령을 피할 수가 없었습니다."

또 다른 부분에서 저자는 이렇게 말한다.

들판에서나 천을 짜는 베틀 앞에서나, 사람들은 하나님의 임재에 압도되어 바닥에 납작 엎드렸다. 어떤 이는 "제 발밑의 풀들과 주변의 바위들이 소리치는 것 같았어요. '그리스도께 달아나 피하라!'고 말이죠." 죄를 깨닫는 고통을 지켜보기란 끔찍했지만, 던컨은 기뻤다. 그는 진정한 도덕적 변화를 일으키지 못하는 저 값싸고 손쉬운 '믿음주의'와는 달리, 이처럼 깊은 산고를 거쳐 부요하고 강건한 믿음의 체험이 탄생함을 알고 있었다.

이 이야기는 위대한 영적 각성의 결과다. 거기서 스스로 만족하던 사람들이 죄를 철저히 깨닫고 회개하며, 하나님의 사랑으로 변화했다. 그렇다면 진정한 부흥이란 무엇인가?

나는 나의 책 《삶을 변화시키는 하나님의 불》(예수전도단 역간)에서 4장 "주권적으로 일으키시는 부흥의 불"의 앞부분에 이렇게 썼다.

> "온전히 아름다운 시온에서 하나님이 빛을 비추셨도다 우리 하나님이 오사 잠잠하지 아니하시니 그 앞에는 삼키는 불이 있고 그 사방에는 광풍이 불리로다"(시 50:2-3). 부흥이란, 하나님의 불이 인간의 일에 깊이 침투함으로써 사람들이 4중 채널 스테레오와 화려한 영상으로 보듯 하나님의 모습을 더욱더 자세히 보고 경험하는 것을 말한다.

부흥은 공동체와 문화의 도덕적·영적 삶을 변화시키는 놀랍고도 지속적이며 명백한 하나님의 임재다. 부흥은 제일 먼저 하나님의 백성에게 하나님의 때에 하나님의 방법으로 성령을 부어 주시는 것이다. 하나님의 거룩함이 강하게 계시되며, 그 결과 하나님의 죄의 관점이 드러난다. 젊은이와 노인은 모두 하나님의 사랑에 반응하거나, 죄를 깨우쳐 주시는 성령님을 거부하며 마음을 더 굳게 다잡을 수도 있다.

　이제 선교사인 내 친구가 해준 이야기를 전하려 한다. 이 이야기는 내가 방금 말한 내용을 증명해 준다.

　1970년대에 남아프리카의 줄루족에 성령이 부어졌다. 많은 사람이 죄를 뉘우치고 하나님 안에서 큰 기쁨을 경험했다. 그러나 모두 다 그런 것은 아니었다. 하루는 비가 올 전조가 전혀 없던 청명한 하늘에서 갑자기 여러 갈래의 번개가 쳐서 교회 건물의 한쪽 면을 강타했고, 그 때문에 교회 안쪽 벽에 커다란 금이 생겼다.

　그때 한 남자가 이렇게 소리쳤다. "접니다. 바로 저 때문이에요!" 그 금은 그가 앉아 있던 곳의 바로 오른쪽에 생겼다. 그는 깊이 회개하며, 자기가 부도덕하게 살아왔고 성령님의 깨우침을 거부했으며 이제까지 자신의 죄를 인정하지 않았다고 고백했다.

　내 친구는 얼마 전에 그 장소를 다시 방문했는데, 일부러 벽을 수리하지 않고 커다란 금을 그냥 놔두었다고 한다. 그 갈라진 틈은 우리가 부흥을 위해 기도할 때마다 하나님의 명백한 임재가 가속화되고, 분명 '평상시의 교회'와는 다른 모습을 기대할 수 있다는 것을 모든 사람에게 상기시켜 주었다.

　이 이야기는 또한 누가복음 8장 17절의 진리를 상기시켜 준다.

숨은 것이 장차 드러나지 아니할 것이 없고 감추인 것이 장차 알려지고 나타나지 않을 것이 없느니라.

부흥은 하나님이 냉담하고 이기적이며 자기밖에 높일 줄 모르는 사람들을 휘젓고 흔들고 변화시키셔서, 절박한 마음으로 기도하며 겸손하고 정직하게 깊이 뉘우치는 사람들이 되게 하시는 것이다. 그들은 하나님과 그분의 영광에 대한 열정, 그리고 잃어버린 자들을 향해 깊은 부담감을 느끼게 된다.

부흥은 모든 신자 안에 있는 주 예수님의 생명이 온전히 나타나는 것이다. 잃어버린 영혼들 사이에서도 위대한 영적 각성이 일어나, 수많은 완고한 죄인이 죄를 깊이 뉘우치고 자신의 삶을 주 예수 그리스도께 헌신한다. 부흥은 복음전도가 아니지만, 부흥 때엔 반드시 효과적인 복음전도가 많이 늘어난다. 의를 향한 문화의 변화가 일어난다.

나의 친한 친구인 앤디 버드(Andy Byrd)가 션 포이트(Sean Feucht)와 함께 《부흥의 문화》(*Culture of Revival*)라는 놀라운 책을 저술한 것이 정말 기쁘다. 매우 특별한 그 책에는 예수님을 사랑하는 일곱 명의 급진주의자들의 역동적인 이야기가 담겨 있다. 그 책은 무기력한 자들을 위한 것이 아니다! 그 책은 매우 강렬하며, 내가 바로 이 책에서 말하려고 하는 내용을 잘 묘사하고 있다.

그것은 바로 문화를 변화시키는 진정한 부흥에 관한 것이다.

진정한 부흥과 영적 각성이 있을 때면 보통 하나님은 몇 주나 몇 달, 혹은 몇 년 동안 해야 하는 일을 몇 초 안에 행하셔서 그분의 나라를 확장하신다. 하나님이 나타나 오직 그분만이 할 수 있는 일을 행하실 때까지 당신의 시간을 들여 하나님께 부르짖는 것을 생활화하는 게 어떻겠는가?

오직 부흥은 하나님만이 시작하실 수 있지만, 사람은 성령을 거부하고 소멸시키고 슬프시게 함으로써 부흥을 중단시킬 수 있다. 한목소리로 부르짖는 백성의 외침에 하나님이 언제 응답하셔서 성령이 나타나실 것인지는 오직 그분만이 아신다. "용사여 칼을 허리에 차고 왕의 영화와 위엄을 입으소서 왕은 진리와 온유와 공의를 위하여 왕의 위엄을 세우시고 병거에 오르소서 왕의 오른손이 왕에게 놀라운 일을 가르치리이다"(시 45:3-4). 하나님이 어떻게 그분의 영광을 나타내시고 '우리가 구하지 않은 (또는 기대하지 않은) 놀라운 일들'을 행하실지 예측할 수 있는 사람은 어디에도 없다.

특별한 일이 일어나는 것이 정상이다. "주께서 강림하사 우리가 생각하지 못한 두려운 일을 행하시던 그때에 산들이 주 앞에서 진동하였사오니"(사 64:3). 그것이 영적 리더들이 성령의 쓰나미에 대비할 수 있도록 우리가 정기적으로 기도해 주어야 하는 많은 이유 중 하나다.

나는 다음과 같이 기도할 것을 제안한다.

1. 하나님이 진정한 부흥의 짐을 지고 있는 자들을 일으켜 주시기를 기도하라. 부흥이 그들의 기도 생활 가운데서 분명히 드러날 것이다.
2. 다른 사람들이 부흥할 수 있도록 그들에게 하나님의 말씀으로 가르치고 감화시키고 격려해 줄 사람들을 하나님이 일으켜 주시기를 기도하라.
3. 그리스도인들이 하나님의 말씀으로 성령의 역사를 깨닫게 해 달라고 구하며, 하나님이 과거 부흥 때에 어떻게 역사하셨는지 공부하게 해 달라고 기도하라.
4. 우리 리더들이 민감하고 유연하여, 그들의 전통이나 의식에 상관없이 어느 상황에서든 하나님이 행하고자 하시는 새로운 일을 잘 따라가게 해 달라고 기도하라.
5. 우리가 하나님만을 두려워하고 사람은 두려워하지 않게 해 달라고 기도하라. 하나님을 두려워하는 것이 우리에게 필요한 지혜의 근원임을 리더들이 깨닫게 해 달라고 기도하라.
6. 우리가 모든 위선을 회개하고, 철저히 진실해지고자 하는 열망을 품게 해 달라고 기도하라.

7. 우리 개인의 명성을 염려하지 않게 해 달라고 기도하라.
8. 영향력 있는 그리스도인들이 그들의 안전지대를 벗어나려고 하거나 독특하고 예측할 수 없는 일이 일어날 때, 하나님이 그들을 인도하시는 것을 신뢰하도록 기도하라.
9. 저명한 리더들이 무엇을 해야 할지 확신하지 못할 때, 인종이나 성별에 상관없이 삶 속에서 성령의 음성을 듣고 순종하는 사람들과 상의할 수 있는 겸손함을 갖게 해 달라고 기도하라.
10. 하나님의 백성이 마음을 열도록 기도하라. 그들이 하나님께 쓰임 받아 부흥의 때에 언제든지 어디로든 파송될 준비와 각오가 되어 있도록 기도하라.

예수님이 요한복음 17장에서 우리를 위해 간구하신 그 연합에 희생을 감내할 만큼 간절한가? 그래야만 하나님은 진정한 부흥과 영적 각성을 구하는 우리의 기도에 응답해 주실 것이다. 다음 장은 그 청사진을 제시해 줄 것이다.

CHAPTER 2

가장 이상적인 연합의 모델

당신은 인간이 누릴 수 있는 가장 만족스럽고 보람 있는 관계를 경험하고 싶은가? 가장 친한 친구 한두 명과의 관계뿐만 아니라 하나님이 만나게 해주시는 모든 사람과 그러한 관계를 맺고 싶은가? 우리는 사랑이신 하나님이 조건 없이 완전하게 사랑하신다는 것을 안다. 하지만 어떻게 우리가 하나님처럼 행할 수 있겠는가? 그것은 매우 비현실적이며, 도저히 불가능해 보인다.

  나도 그렇게 생각했다. 그러다 어느 날 하나님의 한 부분이신 성령님이 내게 목적이 분명하고 실제적인 팀이 어떻게 완벽한 연합을 이루어 함께 일하는지 생각해 보라고 하셨다! 그 생각은 나를 흥분시켰다. 그리고 나는 성부 하나님, 성자 하나님, 성령 하나님이 일하시는 방법을 생각해 보았다.

그러나 더 멀리 나아가기 전에, 마치 경기장에서 한 주자가 다른 주자를 추월하는 것처럼 아주 터무니없는 생각이 내 마음을 따라왔다. 그것은 요한복음 17장 22절로 향했다. 거기서 예수님은 그분의 모든 자녀를 위해 하나님 아버지께 기도하고 계시며, "우리가 하나가 된 것 같이 그들도 하나가 되게 하려 함이니이다"라고 말씀하신다.

와! 얼마나 놀라운 생각인가! 당신과 나 같은 사람들에게도 이런 일이 일어날 수 있을까?

가장 완벽한 팀, 삼위일체

나는 이렇게 완벽한 성공을 거두고 있는 팀이 어떻게 일하고 있는지 진지하게 살펴보는 것이 좋겠다고 생각했다. 성부, 성자, 성령 팀의 특징은 무엇인가? 나는 곰곰이 생각하면서 다음과 같이 적었다.

1. 그분들은 동등한 권위를 갖고 있으나 역할은 각기 다르다. 이는 우리가 다른 모든 것을 이해하는 데 영향을 끼칠 기본 진리다.

2. 그분들은 사역을 하면서 서로 보완한다. 절대로 서로 경쟁하지 않는다. 종종 우리는 한 분이 어디서 시작한 것인지, 또 다른 분이 어디서 끝내는 것인지를 전혀 의식하지 못한다. 세 분이 완전히 융합되어 있기 때문이다.
3. 그분들은 겸손하게 서로 전적으로 의지한다. 그분들이 서로가 얼마나 필요한지 아는 것이 바로 겸손이다.
4. 그분들의 관계에는 절대적 진리가 있고, 따라서 그 속에 절대적인 신뢰가 있다.
5. 그분들은 서로 지지하고 도와준다.
6. 그분들은 한 가지 목적을 가지고 있다.
7. 그분들은 완전히 거룩하게 행한다. 따라서 서로를 통해 궁극적인 기쁨을 경험한다.
8. 그 결과 그분들은 아무도 파괴할 수 없는 영원한 왕국을 소유한 무적의 팀이다. 따라서 최고로 효율적인 팀이다.

이 일 후에 내가 들으니 하늘에 허다한 무리의 큰 음성 같은 것이 있어 이르되 할렐루야 구원과 영광과 능력이 우리 하나님께 있도다…또 내가 들으니 허다한 무리의 음성과도 같고 많은 물소리와도 같고 큰 우렛소리와도 같은 소리로 이르되 할렐루야 주 우리 하나님 곧 전능하신 이가 통치하시도다…또 내가 하늘이 열린 것을 보니 보라 백마와 그것을 탄 자가 있으니 그 이름은 충신과 진실이라 그가 공의로 심판하며 싸우더라 그 눈은 불꽃 같고 그 머리에는 많은 관들이 있고 또 이름 쓴 것 하나가 있으니 자기밖에 아는 자가 없고 또 그가 피 뿌린 옷을 입었는데 그 이름은 하나님의 말씀이라 칭하더라…그 옷과 그 다리에 이름을 쓴 것이 있으니 만왕의 왕이요 만주의 주라 하였더라(계 19:1, 6, 11-13, 16).

다시 한 번 감탄사가 나온다! 와! 이것이 승리하는 팀의 전형적인 모습이다! 우리가 모든 관계 안에서 이런 특징들을 나타내며 일할 수 있을까? 하나님 아버지께서 항상 예수님의 기도에 응답해 주신다는 것을 믿으면 우리도 그럴 수 있다. 우리가 매일 우리 삶을 예수님께 드리고 성령님의 지배를 간구하며 그분이 우리 삶을 주관해 주실 것을 믿으면, 우리도 그럴 수 있다.

불신은 우리 안에서, 또는 우리를 통해 나타나는 하나님의 능력을 막고 차단할 것이다. 전염병을 대하듯 불신을 경계하라. 불신하지 않게 하라.

믿음이 없이는 하나님을 기쁘시게 하지 못하나니(히 11:6).

하나님은 이 놀랍고 실제적인 성경적 삼위일체의 연합을 우리가 지금 이 땅에서 경험하길 원하신다. 그렇게 하지 못하면 하나님의 마음을 아프시게 하는 것이다.

그래서 어떤 사람은 이렇게 생각한다. '내가 무슨 일을 겪었는지 안다면, 내가 더는 아무도 믿지 않는 이유를 다들 이해하게 될 것이다. 그러니 이 이야기는 내게 해당되지 않는다. 나는 삼위일체 하나님이 나의 고통을 이해해 주실 거라고 기대하지 않는다.' 나는 그 마음을 이해한다. 정말이다!

하지만 이 놀라운 삼위일체 하나님을 설명해 보겠다. 그분은 당신의 고통을 모두 아신다. 당신이 어떻게 느끼는지도 아신다. 그분도 고통을 겪어 보셨기 때문이다! 그래서 성경은 예수님이 항상 자녀들의 필요를 위해 아버지께 간구하고 계신다고 말한다 (히 7:25). 주님이 다스리지 않으시는 것은 아무것도 없다. 더욱이 시편 147편 5절에서는 "그의 지혜가 무궁하시도다"라고 말한다. 우리가 당한 고통의 원인과 정도를 예수님이 완전히 이해하신다는 뜻이다.

다시 요한복음 17장 20-21절로 돌아가 예수님이 아버지 하나님께 드린 기도를 살펴보자. "내가 비옵는 것은 이 사람들만 위함이 아니요 또 그들의 말로 말미암아 나를 믿는 사람들도 위함이니⋯그들도 다 하나가 되어⋯세상으로 아버지께서 나를 보내신 것을 믿게 하옵소서." 그리고 다시 23절에서 예수님은 "곧 내가 그들 안에 있고 아버지께서 내 안에 계시어 그들로 온전함을 이루어 하나가 되게 하려 함은 아버지께서 나를 보내신 것과 또 나를 사랑하심 같이 그들도 사랑하신 것을 세상으로 알게 하려 함이로소이다"라고 기도하신다.

이 구절들에서 우리는 삼위일체의 연합이 모든 사람에게 다음 두 가지를 확신시켜 주는 강력한 증거라는 것을 알 수 있다. 첫째, 성부 하나님이 주 예수 그리스도라는 인간의 모습으로 성자 하나님을 이 땅에 보내셨다. 둘째, 성부 하나님은 그분의 아들을 사랑하신 것과 똑같이 오늘날 이 땅의 제자들을 사랑하신다.

이 진리들의 중요성과 무게를 이해하는 또 다른 방법은 다음 두 가지다. 그리스도의 몸인 하나님의 자녀들 안에서 역사하는 삼위일체의 연합은 세상이 다음 두 가지를 인식하게 하는 데 중요한 역할을 할 것이다. 첫째는 주 예수님의 신성이고, 둘째는 주 예수님의 모든 제자를 위한 삼위일체 하나님의 온전한 헌신이다.

그러나 예수님은 세상 사람들에게 그 두 가지를 확신시키기 위해 더 많은 기도와 금식, 또는 더 많은 설교와 간증, 강력한 복음전도가 필요하다고 말씀하지 않으셨다. 그것들 모두 중요한 것이지만, 그 모든 것보다 중요한 것이 있다. 그것은 바로 삼위일체의 연합이다.

삼위일체 연합의 능력

이 연합의 능력과 힘은 숨길 수 없다. 그것은 비그리스도인들에게서 점점 더 명백하게 나타난다. 다음 말씀에 따르면 그것의 근원은 바로 성부 하나님이 그분의 아들에게 주신 것과 동일한 영광이다. 그 영광이 예수님의 제자들을 통해 빛나는 것이다.

> 내게 주신 영광을 내가 그들에게 주었사오니 이는 우리가 하나가 된 것 같이 그들도 하나가 되게 하려 함이니이다(요 17:22).

이 말씀이 비그리스도인들에게 강한 동기를 부여하여, 그들의 삶을 주 예수 그리스도께 헌신하게 한다. 또한 성경은 "예수께서 그들의 생각을 아시고 이르시되 스스로 분쟁하는 나라마다 황폐하여질 것이요 스스로 분쟁하는 동네나 집마다 서지 못하리라" (마 12:25)고 말한다. 따라서 우리는 연합하는 만큼 강하며, 능력이 있다.

결론적으로 더 많은 영혼이 그리스도의 왕국으로 들어가게 하는 가장 중요한 열쇠는, 그리스도의 제자들이 삼위일체의 연합 안에서 행하는 것이다. 이 얼마나 훌륭한 결론인가! 그것은 하나님이 나에게 이 책을 쓰라고 그토록 분명하게 말씀하신 가장 중요한 이유임이 틀림없다.

우리는 연합하면 서고, 나뉘면 넘어진다.

이제 우리는 삼위일체 안에서 일어나는 관계의 역동성을 좀 더 자세히 살펴볼 것이다. 하나님이 인간을 창조하고 자유의지를 주시기 전에, 삼위 하나님은 한 가지 계획에 합의하셨다. 만일 피조물이 창조주께 불순종하면, 죄에 대한 하나님의 의로운 심판의 대가를 주 예수님이 치르신다는 것이다. 예수님은 아기로 태어나 우리처럼 사시려고 이 땅에 내려오셨다. 그리고 하나님이 창조하신 피조물에게 멸시와 천대를 받고는 마침내 십자가에 못 박히셨다. 그렇게 예수님은 우리 인간이 범한 모든 죄의 벌을 받으셨다. 로마서 3장 23절은 "모든 사람이 죄를 범하였으매 하나님의 영광에 이르지 못하더니"라고 말한다.

로마 병사들은 쇠가 박힌 채찍을 예수님의 등에 서른아홉 번이나 내리쳐서 그분의 살갗을 갈가리 찢었다. 그때 사랑하는 아들이 괴로워하는 모습을 바라보시는 하나님 아버지의 마음이 얼마나 아프셨을지 나는 감히 상상할 수 없다. 로마 병사들은 예수님의 머리에 가시관을 씌우고, 처형 장소까지 십자가를 지고 가도록 명령했다. 예수님은 신성을 그대로 가지고 계셨으나, 이 땅에서는 오로지 인자로서 우리와 같은 인간의 모습으로 행하셨다. 그래서 정신적, 영적, 육체적으로 당하신 고통은 몹시 극심했다.

예수님이 십자가에 달리신 세 시간 동안 태양이 완벽하게 어두워졌다. 세상의 죄에 대한 모든 형벌을 사랑하는 아들에게 지워야 하는 아버지의 고뇌가 너무나 커서 더는 그것을 드러내지 않고는 견딜 수 없으셨기 때문이 아닐까?

고린도후서 5장 21절은 "하나님이 죄를 알지도 못하신 이를 우리를 대신하여 죄로 삼으"셨다고 말한다. 그것은 세상의 모든 더러운 죄를 예수님께 지우셨다는 뜻이다.

하나님의 거룩한 말씀에 기록된 이 조건 없는 사랑과 이해할 수 없는 겸손의 모습은 절대적인 경외심과 놀라움, 깊은 감사를 느끼게 한다. 그리고 우리는 예수님의 대가 없는 구원의 선물을 받을 수도, 거절할 수도 있다.

나는 이제 예수님이 십자가에 못 박히신 동안 성령님이 하신 일을 생각해 본다. 나는 성령님이 성자 예수님뿐만 아니라 성부 하나님의 고통을 느끼며 함께 고뇌하셨다고 믿는다. 언제나 함께 교감해 온 분들이니, 당연히 그렇지 않겠는가. 아, 삼위일체의 고통을 어찌 말로 표현할 수 있겠는가!

이제 우리는 우리의 놀라우신 창조주와 맺은 명백한 관계 속에서 우리 죄가 용서받고 영생을 얻었음을 확신할 것이다. 우리가 할 일은 우리가 죄인임을 인정하고, 죄에서 돌이키고, 우리를 위해 돌아가신 예수님께 감사하고, 그분께 우리 마음속으로 들어와 달라고 간구하며, 믿음으로 그분을 우리 구주로 영접하고 우리 삶의 주인으로 모시는 것이다.

이제 삼위일체로 돌아가자. 예수님이 아버지의 우편 보좌로 돌아가셨을 때 하늘에 얼마나 큰 기쁨이 있었을지 상상해 보라. 또 성령님이 이 땅에 내려오신 것은 그분을 따르고 순종할 예수님의 제자들에게 능력을 주시기 위함이었다는 것을 기억하라. 이 얼마나 기쁜 재회인가!

나는 다음 장에서 하나님이 우리에게 주시는 아름다운 권면들을 소개할 것인데, 그것들을 나는 몹시도 사랑한다.

CHAPTER 3

삼위일체 연합의 특성

시편 133편 3절에 의하면, 이 성경적인 연합을 실천하면 반드시 따르는 결과가 있다. 하나님은 "여호와께서 복을 명령하셨나니 곧 영생이로다"라고 말씀하실 때 '명령'이라는 강한 단어를 사용하셨다. 마치 오늘날 당신이 속한 그룹에서 등한시하던 것을 하나님이 말씀하고 계신 듯하다. 만일 우리가 모두 같은 비전을 품고 있고, 모두 하나님의 부르심을 받았고, 모두 은사 안에서 사역을 행하며, 모두 하나님과 다른 사람들에게 올바른 마음가짐을 갖추고 있다면, 하나님은 반드시 우리가 모두 알 수 있게 나타나실 것이다.

시편 133편 1-3절 말씀을 보자.

보라 형제가 연합하여 동거함이 어찌 그리 선하고 아름다운고 머리에 있는 보배로운 기름이 수염 곧 아론의 수염에 흘러서 그의 옷깃까지 내림 같고 헐몬의 이슬이 시온의 산들에 내림 같도다 거기서 여호와께서 복을 명령하셨나니 곧 영생이로다.

다음 이야기는 이 진리들을 생생하게 보여 준다.

1992년에 로스앤젤레스 폭동이 일어난 직후, 당시 할리우드 장로교회의 목사였던 로이드 오글비(Lloyd Ogilvie) 박사와 페이스 미셔너리 침례교회(Faith Missionary Baptist Church, 당시 폭동으로 엄청난 충격을 받은 로스앤젤레스 지역에 자리했다)의 켄 울머(Ken Ulmer) 목사가 그들의 몇몇 성도와 함께 캘리포니아 밴 누이스에 있는 처치 온 더 웨이에서 잭 헤이포드 목사와 많은 성도와 함께 주일 저녁 예배를 드렸다. 그날 그곳에 모인 사람들은 모두 살아 계신 그리스도의 명백한 임재를 느꼈다. 그것은 정말 놀라웠다. 안타깝게도 오늘날 '놀랍다'(awesome)는 단어는 아이스크림이나 한 개인, 그 외 여러 가지 것을 묘사하는 데 사용되고 있다. 하지만 그것은 오로지 참으로 놀라우신 하나님을 묘사할 때만 사용되어야 한다!

그날 밤 하나님의 임재는 참으로 놀라웠다. 온통 하나님으로 가득했다! 나는 이것이 오랫동안 가까운 친구로 지내 온 이 세 명의 영적 리더들이 솔직하게 표현한 깊은 겸손과 서로에 대한 사랑과 헌신의 직접적인 결과였다고 믿는다.

강단에서 그 세 목사님은 성찬식을 하며 조용하고 경건하게 서로 섬겼고, 하나님과 사람 앞에서 진지하게 서약을 했다. 다양한 인종의 성도들은 자신과 다른 인종의 사람 중에서 예전에 함께 기도해 본 적이 없는 사람과 짝을 지어 성찬식에서 서로 섬기도록 지시를 받았다. 그것은 정말 특별하고 강렬한 시간이었다. 세 교회를 대표하는 성도들과 새로운 차원의 연합을 경험할 수 있었다.

하나님의 임재가 굉장히 명백하고 강하게 느껴졌기 때문에, 나는 이 예배를 어떻게 끝내야 할지 심각하게 고민했다. 결국 오후 5시에 시작한 예배는 밤 9시가 넘어서야 끝이 났다. 다음 날 교회 임원을 맡고 있는 분들과 대화를 나누었는데, 그들 모두 이 교회 역사상 하나님의 임재를 이보다 더 강하게 느껴 본 기억이 없다고 말했다. 예수님이 요한복음 17장에서 간구하셨고 하나님이 시편 133편에서 약속하신 그 연합이 이루어졌음을, 하나님이 인정해 주신 것이다.

시편 133편에서 성경적인 연합은 머리 위에서 수염을 따라 아론의 제사장복 옷깃까지 흘러내린 기름에 비유된다. 그 기름의 묘사는 출애굽기 30장 22-32절에서도 볼 수 있다. 기름은 매우 비싸고, 매우 거룩하고, 매우 향기롭다. 그 기름이 오늘날 우리에게 어떻게 적용되는지 살펴보자.

연합의 기름은 비싸다

성경적인 연합은 절대 평화롭지 못하다. 그것은 우리에게 '사랑 안에서 진리를 말하라'고 요구한다. 즉, 우리는 때로 힘들고 고통스러운 상황을 만나게 될 것이고, 필요하면 우리 자신을 낮추어야 한다. 그에 못지않게 중요한 것은 다른 사람을 용서하고 조건 없는 사랑을 베푸는 것이다.

이 원고를 쓰는 동안 나는 짐과 함께 우리가 정말로 사랑하고 존경하는 한 영적 리더를 만났다. 나는 그를 만나기 전에 매일 성경 읽기를 하고 있었다. 그때 읽은 성경 중 한 부분이 디모데전서 1장이었는데, 특히 5절 말씀이 강하게 다가왔다.

> 이 교훈의 목적은 청결한 마음과 선한 양심과 거짓이 없는 믿음에서 나오는 사랑이거늘.

나는 우리가 전하려는 모든 것을 하나님의 은혜 안에서 이루려면, 먼저 이 요구 조건들을 통과해야 한다는 것을 깨달았다.

"청결한 마음"은 오로지 하나님의 영광만을 구하는 동기를 뜻한다. 그리고 "선한 양심"은 우리가 알고도 하나님과 사람들 앞에서 처리하지 않은 죄가 없어야 한다는 뜻이다. 또한 "거짓이 없는 믿음"이란 하나님이 그분의 뜻과 목적들을 나타내시기 위해 우리 가운데 역사하실 것을 진실로 믿어야 한다는 뜻이다.

나는 이 내용을 짐과 우리의 리더 친구에게 이야기했고, 둘 다 그 진리와 함축된 의미에 동의했다. 우리는 우리의 일과 시간을 모두 성령님의 손에 맡겼다. 그리고 성령님이 주관해 주실 것을 믿었다.

매우 강한 확신들이 오갔다! 우리는 새로운 정보를 나누고 기존의 가설을 수정했다. 강한 주장들이 나왔다. 신념의 차이가 분명히 드러났을 때는 하나님의 뜻이 양쪽에 모두 명확히 드러날 때까지 부지런히 그분을 찾고 기다리겠노라 선언하는 겸손한 태도를 보였다. 상대방을 대한 우리의 진정한 사랑이 다시 한 번 확실히 드러났다.

서로 의견이 달라서 힘들고 긴장된 시간이 될 수 있었지만, 실제로 우리는 더 깊은 사랑의 결속과 연합에 이르게 되었다. 하나님, 감사합니다.

연합의 기름은 매우 거룩하다

출애굽기 30장 25절은 "그것으로 거룩한 관유를 만들되 향을 제조하는 법대로 향기름을 만들지니 그것이 거룩한 관유가 될지라"고 말한다.

하나님은 모든 관계에서 성경이 말하는 거룩함의 기준이 흔히 사람들이 받아들이고 인정하는 기준과 매우 다르다는 것을 우리가 깨닫기 원하신다. 이른바 성숙한 기독교 리더들도 마찬가지다. 성경은 이렇게 말한다.

대저 그 마음의 생각이 어떠하면 그 위인도 그러한즉(잠 23:7).

우리의 생각이 기록되어 모든 사람이 볼 수 있기를 원하는가? 모든 설교자가 설교하는 동안 하나님의 손가락이 나타나 그의 뒤쪽 벽에 하나님의 생각을 기록하기 원하실까? 벨사살 왕의 연회장 벽에 하나님의 손가락이 나타나 왕의 운명을 알린 적이 있다(단 5:26-28). 그리고 하나님은 언제라도 또 그런 일을 하실 수 있다. 어떻게? 그분은 하나님이시기 때문이다. 하나님은 놀랍도록 거룩하고 매우 깨끗하며, 능력이 무한하신 분이다.

산들이 여호와의 앞 곧 온 땅의 주 앞에서 밀랍같이 녹았도다 (시 97:5).

하나님이 말씀하시는 거룩함의 기준은 우리의 생각과 말과 행위가 성경적인 거룩함의 기준을 따르는 것이며, 그렇지 않은 모든 것을 회개하는 것이다.

연합의 기름은 향기롭다

연합은 섬세하고 아름다우며 기쁨을 준다. 어느 관계에서든 처리하지 않은 죄가 있으면, 하나님의 뜻대로 온전히 서로 즐거워할 수가 없다.

사탄은 우리에게 다른 확신을 심어 주어 우리를 유혹하려 한다. 사탄은 이렇게 속삭인다. "거기에 이 행위를 조금만 더하면 좀 더 흥미진진해질 거야." 우리가 이 말에 속아 넘어가면, 사탄은 또다시 "좀 더 그 일을 해봐. 훨씬 더 만족스러워질 거야"라고 말한다.

우리가 그런 거짓말에 귀 기울일수록 삼위일체 연합의 신비를 경험하는 일은 점점 더 멀어진다. 그 연합은 시편 133편에서 이스라엘의 헐몬 산 위에 내리는 이슬로 묘사되어 있다. 이슬은 비가 거의 내리지 않는 그 산에서 살기 위해 반드시 필요한 것이다.

이 땅에서 하나님 나라를 확장하는 일과 관련하여 우리의 영적 생활의 질을 결정하는 것은 바로 그리스도의 몸에 속한 다른 모든 지체와 이루는 연합의 질이고, 나는 하나님이 이렇게 말씀하고 계신다고 믿는다. 또 우리는 이러한 삼위일체 연합의 조건들을 충족시킬 때마다 사탄을 이기게 될 것이다. 사탄은 교만이 가득하며, 따라서 지혜가 없다. "교만이 오면 욕도 오거니와 겸손한 자에게는 지혜가 있느니라"(잠 11:2).

우리의 삶과 사역에 성령의 새로운 기름부음이 필요하다고 느끼는가? 우리가 하나님 앞에 우리 자신을 낮추고 가장 거룩한 경배를 드리며 하나님의 하나님 되심을 찬양하고 예배할 때, 성령님이 때때로 예수님의 인격과 임재의 향기를 나타내실 것이다.

나는 30년 넘게 매리 랜스 시스크(Mary Lance Sick)를 가장 소중하고 믿을 만한 친구로 사귀는 특권과 기쁨을 누렸다. 2012년 4월에 매리는 잠을 자다가 주님이 계신 하늘나라로 떠났다. 매리와 관련한 나의 가장 소중한 기억 중 하나는 우리의 마지막 전화 통화다. 통화 내용은 다음과 같다.

매리는 미국에 있는 한 도시의 큰 호텔에서 열리는 여성 콘퍼런스의 강사로 초청받았다. 매리는 오전 첫 시간에 강의를 하기로 되어 있었기 때문에, 새벽 5시에 일어나 하나님의 말씀을 읽고 기도하며 귀중한 시간을 보냈다.

매리는 호텔방에 엎드려 하나님께 자신의 마음을 쏟아내며 평소보다 긴 시간을 보냈다. 그 후에 콘퍼런스 장소로 가려고 엘리베이터를 탔는데, 콘퍼런스 참석자들이 아닌 두 여자와 함께 탔다. 그런데 둘 다 매리의 향기가 너무 좋다고 이야기했고, 매리가 그날 아침에 뿌린 향수의 브랜드명을 알고 싶어 했다.

내 소중한 친구는 조용히, 그러나 단호하게 자신은 향수를 쓰지 않으며 그날 아침에 아무 향수도 뿌리지 않았다고 말했다. 그렇다고 매리가 향수 뿌리는 사람을 싫어하는 것은 아니었다. 두 여성은 못 믿겠다는 반응을 보였다. 그들 역시 아무 향수도 뿌리지 않았기 때문이다.

성령님은 예수님을 무척이나 사랑하는 내 친구에게 깨달음을 주셨다. 그날 아침 이른 시간에 오랫동안 예배를 드리며 '샤론의 장미'와 가까이 있었기에 몸에 밴 향기를 그 여자들도 느낀 것이라고 말이다.

주와 합하는 자는 한 영이니라(고전 6:17).

또 고린도후서 2장 15절은 우리가 이 성경의 원칙에 따라 살

때 우리의 삶에서 배어 나오는 향기를 이렇게 설명한다.

우리는 구원받는 자들에게나 망하는 자들에게나 하나님 앞에서 그리스도의 향기니.

다음 장에서는 이 연합이 당신과 나에게 어떤 작용을 하는지 실제적인 예들을 찾아볼 것이다.

CHAPTER 4

연합은
어떻게
나타나는가

우리는 연합이 실제로 이루어질 수 있다고 믿어야 한다. 나사로가 죽음에서 깨어나기 전에 예수님은 곁에 서 있던 자들에게 "돌을 옮겨 놓으라"고 말씀하셨다. 일반적으로 그 '돌'은 하나님의 말씀을 단순히 믿지 못하는 불신과 굳은 마음이다. 우리의 삶 속에서 하나님의 초자연적인 능력이 역사하는 것을 경험하기 전에 필요한 것은 믿음이다. 우리가 믿으면, 다음 단계로 나아갈 준비가 된 것이다.

우리는 다른 모든 하나님의 자녀들과 함께 연합하기를 원해야 한다. 각 사람의 민족성이나 소속 교파, 교육 수준, 나이의 많고 적음과 상관없이, 또 얼마나 오랫동안 그리스도를 믿어 왔는지, 부유하든지 가난하든지, 똑똑하든지 우둔하든지 상관없이 함께해야 한다.

사도 바울은 골로새의 그리스도인들로 말미암아 하나님께 감사했다. 그리고 그 이유를 말하길, "이는 그리스도 예수 안에 너희의 믿음과 모든 성도에 대한 사랑을 들었음이요"(골 1:4)라고 했다. 모든 성도가 어떤 사람들을 의미하는지 생각해 보자.

아직도 부족의 생활양식을 따르고 있는 아프리카의 피그미족들은 어떤가? 또는 호주의 가장 외딴 지역에서 전통적인 수렵생활을 하는 원주민들은 어떤가? 그들이 우리 자신보다 더 낫다고 쉽게 말할 수 있겠는가? 나는 그들 중에 있는 그리스도인들은 얼마나 믿음이 강해야 할지 생각해 보았다. 그들은 아마 끼니때마다 하나님의 도우심을 믿고 의지해야 할 것이다.

그들은 살아남기 위해 사냥감을 찾아야 했다. 모든 사람을 먹일 만큼 사냥하려면 무기를 아주 능숙하게 다룰 줄 알아야 한다. 하나님의 도우심을 구하는 그들의 기도는 단순하고 직접적이었을 것이다. 또 그들의 생존은 믿음, 즉 하나님이 그들의 필요를 아시고 관심을 두시며 매일 필요한 것을 공급해 주신다는 믿음에 달려 있었을 것이다.

사실 그들은 바울이 히브리서 3장과 4장에서 이야기하는 믿음의 안식과 기적적으로 공급해 주시는 하나님을 우리에게 많이 가르쳐 줄 수 있었을 것이다. 그들이 아침에 깨어나 드리는 기도를 듣고 하나님이 얼마나 기뻐하셨겠는가. 그들은 아마 이런 식으로 기도했을 것이다.

"하늘에 계신 우리 아버지, 또다시 아름다운 날을 맞이하게 해 주셨군요! 무척 기쁘고 감사합니다. 하나님이 저의 실제적인 필요에 관심을 가져 주시니 정말 기쁩니다. 왜냐하면 저는 아침식사로 새알을 먹고 싶거든요. 주님과 저는 새알을 찾기가 얼마나 어려운지, 그것이 얼마나 높은 나무 위에 있는지 알고 있습니다. 하지만 주여, 저를 적절한 나무로 인도해 주옵소서. 또한 알을 깨뜨리지 않고 가져올 수 있도록 도와주시기를 기도합니다. 당신의 책에 보면 '예수님의 이름으로 무엇이든 믿고 구하면 응답을 받으리라'고 했습니다. 자, 이것이 바로 제가 구하는 것입니다. 하나님이 하시겠다고 말씀하신 일을 행하시는 것을 눈으로 보게 될 생각을 하니, 무척이나 설렙니다." 그는 기도를 마친 후 숲으로 달려간다.

나중에 그 사냥꾼은 입이 귀에 걸릴 만큼 활짝 웃으며 캠프로 돌아온다! 그리고 그는 불 앞에서 이번에도 역시 자신의 필요를 채워 주신 하늘 아버지께 감사를 드린다.

바울은 다음과 같은 글을 쓸 때 하나님께 감사했고 데살로니가 신자들에게 열성적이었다.

형제들아 우리가 너희를 위하여 항상 하나님께 감사할지니 이것이 당연함은 너희의 믿음이 더욱 자라고 너희가 다 각기 서로 사랑함이 풍성함이니(살후 1:3).

이 인용문에서 바울이 믿음과 사랑을 연관 짓고 있으며, 특히 믿음을 먼저 이야기한 것을 보았는가? 우리가 삼위일체의 연합을 이루기를 하나님이 원하신다고 믿으면, 그분은 우리에게 모든 사람을 사랑할 수 있는 사랑을 주실 것이다. 그것은 조건 없는 사랑이다. 그것은 하나님이 하실 일이고, 우리가 할 일은 그 사랑을 구하는 일이다. "너희가 얻지 못함은 구하지 아니하기 때문이요" (약 4:2).

우리는 믿음으로 사랑을 받아야 한다. "믿음을 따라 하지 아니하는 것은 다 죄니라"(롬 14:23). 더 나아가기에 앞서 우리는 이러한 사랑이 전적으로 초자연적인 것임을 온전히 확신해야 한다. 성령님이 마음속에 초자연적인 기적을 행하지 않으시면, 가장 훌륭한 성도들도 그것을 경험할 수 없었을 것이다. 우리는 우리 안에, 또 우리를 통해 그 일을 이루실 수 있는 유일한 분, 성령님께 복종해야 한다. "우리에게 주신 성령으로 말미암아 하나님의 사랑이 우리 마음에 부은 바 됨이니"(롬 5:5).

나는 심슨(A. B. Simpson)의 다음 인용문을 좋아한다.

성령님은 영혼에 사랑의 불을 붙이신다.…그 불은 우리의 이기심을 녹이고, 온유함과 희생과 봉사에 우리 자신을 쏟아 붓게 한다. 또 그 사랑의 불은 그리스도인들을 하나로 융합시킨다. 산에서 흘러내리는 화산 분출물이 도중에 하나로 합쳐지는 것처럼 말이다.

이 기적 같은 사랑을 나타내려면 중요한 조건이 또 하나 있다. 이 삼위일체의 사랑이 역사하려면 우리는 오직 겸손한 마음을 품어야 한다. 겸손은 모든 참된 사랑의 기초다. 사랑이 없는 것은 교만 때문이다. 냉담한 마음의 뿌리에는 교만이 있다. 우리는 겸손한 만큼 사랑할 수 있다. 다음 말씀이 이것을 분명히 말해 준다.

그러므로 그리스도 안에 무슨 권면이나 사랑의 무슨 위로나 성령의 무슨 교제나 긍휼이나 자비가 있거든 마음을 같이하여 같은 사랑을 가지고 뜻을 합하며 한마음을 품어 아무 일에든지 다툼이나 허영으로 하지 말고 오직 겸손한 마음으로 각각 자기보다 남을 낫게 여기고 각각 자기 일을 돌볼뿐더러 또한 각각 다른 사람들의 일을 돌보아 나의 기쁨을 충만하게 하라(빌 2:1-4).

여기서 3절이 가장 중요하다. 우리는 책임이 무거워질수록 다른 사람들의 필요에 주의를 기울여야 한다는 것을 깜빡할 때가 많다. 다시 말하지만 겸손이 핵심이다.

   나는 항상 예수님이 겸손을 매우 실제적인 방법으로 증거하시는 것에 감동을 받았다. 예수님은 이른 아침에 일부러 밖으로 나가 신선한 생선과 빵을 구해 오시고, 바닷가에 번듯한 모닥불을 피우기 위해 장작과 종이를 충분히 모으시고, 젊은 제자들을 위해 훌륭한 아침식사를 만들어 먹이셨다. 그 이른 시간에 냄비나 접시, 조리 기구들은 어디서 구하셨을지 종종 궁금해진다. 또 예수님은 소금과 남은 음식을 담을 봉지도 잊지 않으셨을 것이다. 얼마나 겸손하게 섬기는 리더의 모습인가!

   우리는 사랑할 때만 하나가 된다. 우리는 겸손할 때만 사랑한다. 사도 바울이 감옥에서 쓴 글에 이런 말이 있다.

> 내가 너희를 권하노니 너희가 부르심을 받은 일에 합당하게 행하여 모든 겸손과 온유로 하고 오래 참음으로 사랑 가운데서 서로 용납하고 평안의 매는 줄로 성령이 하나 되게 하신 것을 힘써 지키라(엡 4:1-3).

   하나님의 순서는 "겸손 → 사랑 → 연합 → 평화"다.

   다음 장에서는 그 방법들을 좀 더 깊이 살펴볼 것이다. 계속 함께 가자.

CHAPTER 5

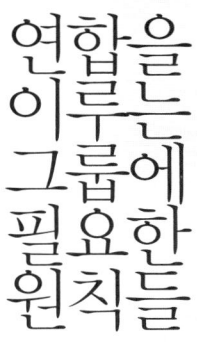

연합을 이루는 그룹에 필요한 원칙들

어느 그룹에나 삼위일체 연합을 이루기 위한 하나님의 네 가지 원칙이 있다는 것을 확실히 이해해야 한다. 두 사람이 모였든, 2천 명이 모였든 마찬가지다.

하나님의 부르심이 있어야 그룹에 속할 수 있다

하나님께로부터 보내심을 받은 사람이 있으니 그의 이름은 요한이라(요 1:6).

하나님이 보내신 이는 하나님의 말씀을 하나니(요 3:34).

우리는 하나님의 사람들로 구성된 모임에 들어가기에 앞서, 그 모임에 들어가는 것이 분명 하나님의 부르심인지 확인해야 한다. 자기 마음대로 하나님의 뜻을 추측해서는 안 된다. "또 주의 종에게 고의로 죄를 짓지 말게 하사 그 죄가 나를 주장하지 못하게 하소서 그리하면 내가 정직하여 큰 죄과에서 벗어나겠나이다" (시 19:13).

이러한 성경의 명령에 순종하지 않으면, 우리는 항상 동그란 구멍에 네모난 못을 박는 것 같은 느낌을 받게 될 것이다. 다른 구성원들의 영성이 제아무리 뛰어나도 마찬가지다. 결국은 서로 연합하지 않았다는 사실을 알게 될 것이다.

시편 32편 8절에 놀라운 약속이 있다. "내가 네 갈 길을 가르쳐 보이고 너를 주목하여 훈계하리로다." 믿음으로 하나님을 간절히 구하면, 하나님이 우리에게 할 일을 알려 주실 것이다.

우리는 모두 같은 비전과 목적을 가져야 한다

묵시가 없으면 백성이 방자히 행하거니와(잠 29:18).

자신이 이끌어야 하는 그룹을 위해 하나님의 비전을 간구하는 것은 영적 리더들의 책임이다. 비전은 프로그램이 아니다. 비전이 프로그램을 정한다. 비전은 하나님이 한 그룹을 생겨나게 하신 목적이자, 하나님의 마음속에 있는 가장 원대한 목적이다.

리더들은 하나님께 이런 질문을 자주 해야 한다. "저에게 주시려는 비전이 더 있습니까?" 리더는 사람들에게 비전을 명확하게 규정하고 말해 주어야 한다. 리더십에는 그 비전을 시행할 책임이 있다.

우리는 각자 받은 은사대로 제 역할을 해야 한다

연합은 에베소서 4장 11-12절과 고린도전서 12장 28절, 로마서 12장 6-8절에서 말하는 것처럼 그룹의 모든 구성원이 각자 주어진 은사대로 제 역할을 할 때에만 이루어진다.

게다가 에베소서 4장 11-12절은 우리가 그리스도의 몸 안에서 다섯 가지 사역의 은사를 갖추었을 때에만 예수님이 우리에게 원하시는 온전한 삼위일체 연합이 가능하다는 것을 명확히 밝히고 있다.

그가 어떤 사람은 사도로, 어떤 사람은 선지자로, 어떤 사람은 복음 전하는 자로, 어떤 사람은 목사와 교사로 삼으셨으니 이는 성도를 온전하게 하여 봉사의 일을 하게 하며 그리스도의 몸을 세우려 하심이라.

그 외에도 돕는 사역, 대접, 글 쓰는 일, 나눔, 여러 형태의 예배와 음악 등 여러 사역의 은사가 있다. 우리가 우리 영역 밖의 일을 해서 불화를 일으키지 않도록, 각자가 가진 사역의 은사들이 무엇인지 잘 아는 것이 중요하다.

또 그룹 안에서 다른 사람들의 사역을 잘 이해하는 것도 중요하다. 그래야 리더가 그들 각자가 수행할 역할을 분배할 수 있기 때문이다. 그렇게 되면 모든 사람이 다른 사람들에게서 배우고 도움을 받으며 복 받을 수 있다. 에베소서 5장 21절은 "그리스도를 경외함으로 피차 복종하라"고 말씀한다. 나는 다음 장에서 그 사역들을 좀 더 이야기할 것이다.

바울이 우리에게 하는 지혜로운 권면은 자신의 은사대로 사역을 시작하는 몇몇 신자를 염두에 둔 것이 틀림없다.

서로 마음을 같이하며 높은 데 마음을 두지 말고 도리어 낮은 데 처하며 스스로 지혜 있는 체하지 말라(롬 12:16).

다시 말하지만, 겸손은 사랑과 연합을 위한 열쇠다.

올바른 마음가짐을 갖추어야 한다

당신은 이렇게 생각할지 모른다. "하나님을 대하는 저의 태도를 묻는 이유가 무엇입니까?" 우리는 책임이 커질수록 하나님을 섬기는 일에서 하나님께 원망(아마도 감춰진)을 품기 쉽다. 그 책임이 무겁기 때문이다. 리더들은 하나님을 섬기는 일에서 하나님을 원망하는 마음이 없는지 자주 성령님께 물어야 한다.

영국의 깊이 있는 성경교사이자 그리스도를 닮은 하나님의 사람, 캠벨 맥알파인(Campbell McAlpine)은 나의 소중한 친구였다. 우리는 자주 한 팀을 이루어 여러 나라를 다니며 영적 리더십 콘퍼런스에서 강연을 했다. 그러나 그 대가는 너무 컸고, 우리는 지칠 때가 많았다. 그러나 캠벨은 자주 "주님을 섬기는 것은 매우 큰 특권이며 기쁨입니다"라고 말했다. 캠벨은 절대로 불평하지 않았다. 캠벨의 태도는 "특권은 언제나 대가보다 크다"라는 교훈을 상기하는 데 도움이 되었다.

우리 마음속에 다른 사람을 향한 나쁜 감정을 쌓아 두면, 하나님의 기준에 들어맞는 연합을 이룰 수 없다. 그런 감정을 내버려

두면 냉담과 무관심, 원망, 판단, 비판하는 마음이 생겨나며, 확신과 교제, 사랑과 연합이 깨진다. 그것은 베드로전서 1장 22절에서 말씀하는 "마음으로 뜨겁게 서로 사랑하는" 것이 아니다. 여기서 '뜨겁게'에 해당하는 헬라어는 '끓는점'을 의미한다.

네빌 혼(Neville Horne) 목사님은 내가 만난 사람들 중 그리스도를 가장 많이 닮은 사람의 하나다. 네빌 혼 목사님은 호주 시드니에서 온 침례교 사역자였는데, 우리가 뉴질랜드에 살 때 열흘 동안 우리 집에 머무른 적이 있다. 어느 날 그는 지나가는 말로 내게 조용히 이야기하기를, 매시간 하던 일을 멈추고 혹시 자신이 어떤 식으로든 성령님을 슬프시게 한 적이 있는지 점검해 본다고 했다. 그 말은 나에게 깊은 감명을 주었다.

야고보서 3장 1절을 보면 "선생된 우리가 더 큰 심판을 받을 줄" 알라고 말씀한다. 왜 그런가? 지식이 많을수록 책임도 커지기 때문이다. 그리고 하나님은 사기꾼들이 많아지는 걸 원치 않으신다!

이제 현실을 직시하자. 대부분의 복음주의적 그리스도인들은 한 명이라도 더 많은 잃어버린 영혼이 주 예수 그리스도를 알고 구원에 이르기를 진심으로 원한다. 하지만 성경적 연합이라는 이 주제를 심각하게 다룰 수 없는 것이 분명한 사실이다.

왜 그런가? 성경적 연합의 기준을 충족시키는 것보다 잃어버린 자들을 전도하는 일에 훨씬 더 많은 노력과 시간을 쏟아 붓고 있기 때문이다. 우리는 하나님과 성도들 앞에서 자신을 낮추고 조건 없이 서로 사랑하라는 하나님의 기준대로 사는 것보다 교회나 TV, 라디오, 인터넷에 광고를 하고, 전단을 배포하고, 콘퍼런스와 기도회, 개인 전도, 대중 전도 운동을 열어 복음을 전하는 일에 더 치중한다.

역대하 7장 14절은 한 나라를 치유하는 데 가장 많이 잘못 인용되는 성경 구절 중 하나다. 하나님은 "내 이름으로 일컫는 내 백성이 기도하면"이라고만 말씀하지 않으신다. 그 전에 먼저 "그들의 악한 길에서 떠나 스스로 낮추고"라고 말씀하신다.

하나님의 백성이 모여 기도하게 하는 것과 그들이 분열을 일으키는 교만을 인정하고 회개하게 하는 것은 별개의 일이다. 민족과 세대, 성별, 교파, 부부, 가족, 지도자와 직원, 교사와 학생, 고용주와 고용인, 형제자매 간에 분열을 일으키는 교만은 우리의 가장 큰 죄다.

어떻게 아는가? 루시퍼가 처음에 에덴동산에서 아담과 하와를 유혹할 때, 사탄은 그들이 하나님의 지시를 의심하게 만들려고 했다. 그것은 불신의 죄였다. 하지만 교만은 늘 불신의 기초가 된다. 참된 겸손은 말씀으로 세상을 창조하시고 그 능력의 말씀으로 우주를 붙들고 계신 유일하신 하나님의 권위와 진실성을 의심하지 않는다! "이는 하나님의 영광의 광채시요 그 본체의 형상이시라 그의 능력의 말씀으로 만물을 붙드시며 죄를 정결하게 하는 일을 하시고 높은 곳에 계신 지극히 크신 이의 우편에 앉으셨느니라"(히 1:3).

성경에는 특별히 남편과 아내에 대한 주의와 경고의 말씀이 있다. 유부남이었던 사도 베드로는 본질적으로 부부가 서로 민감한 사랑의 관계 속에 있지 않으면 부부의 기도가 막힐 수 있다고 말했다. "남편들아 이와 같이 지식을 따라 너희 아내와 동거하고 그를 더 연약한 그릇이요 또 생명의 은혜를 함께 이어받을 자로 알아 귀히 여기라 이는 너희 기도가 막히지 아니하게 하려 함이라"(벧전 3:7).

우리가 아는 가장 훌륭한 기도 운동의 리더 역시 배우자와의 관계에서 겸손하고 다정하고 헌신적이며 섬기는 삶을 살고 있지 않을 수도 있다. 분열은 기도 사역의 능력을 훼방한다. 그리고 하나님이 우리의 모든 노력에 감명받으시는 것은 아니다. 얼마나 비극적인 시간이고 에너지의 낭비인가.

다음 장은 이 책을 쓰면서 가장 힘든 부분이었다. 나는 성경의 진리에 조금도 타협하지 않는 것이 수 세기 동안의 전통을 담은 배를 심하게 흔들 수 있다는 것을 알게 됐다.

CHAPTER 6

연합하지 않는 사역은 불가능하다

여러 사역이 하나님의 뜻대로 제 역할을 하지 못하면, 그리스도의 몸 안에서 거대한 연합의 붕괴가 일어난다. 치료는 사역 자체와 사역이 어떻게 서로 보완하는지를 이해하는 데서 시작된다. 이제부터 이 주제의 기본 진리를 몇 가지 나눌 것이다. 내가 여러 해 동안 하나님의 말씀을 공부하면서 깨달은 것들이다. 나는 단순히 연합이라는 이 거대한 주제에 관한 포괄적인 성경 내용을 발표하려는 것이 아니다.

하나님께는 거룩한 질서가 있고, 사역은 그 안에서 움직인다. 사역은 모두 하나님 말씀의 청사진 안에 있다. 그것은 교파나 선교단체, 교회나 그룹이 어떤 방법을 택하든 간에 하나님의 말씀을 따르고자 하는 자들을 위한 것이다.

먼저 사역자들이 등장하는 순서를 살펴보자.

> 하나님이 교회 중에 몇을 세우셨으니 첫째는 사도요 둘째는 선지자요 셋째는 교사요 그다음은 능력을 행하는 자요 그다음은 병 고치는 은사와 서로 돕는 것과 다스리는 것과 각종 방언을 말하는 것이라(고전 12:28).

> 그가 어떤 사람은 사도로, 어떤 사람은 선지자로, 어떤 사람은 복음 전하는 자로, 어떤 사람은 목사와 교사로 삼으셨으니(엡 4:11).

우리는 하나님의 질서가 얼마나 중요한지 간과해서는 안 된다. 에베소서 2장 20절에서 다시 한 번 보자.

> 너희는 사도들과 선지자들의 터 위에 세우심을 입은 자라.

사역자들은 역할은 집을 짓기 위한 기본 구조와도 같다. 사도는 콘크리트고, 선지자는 강철이다. 이들이 기본 토대를 이룬다. 하나가 없으면 다른 하나를 얻을 수 없다. 복음 전도자는 문이다. 교사는 골조와 벽이다. 목사와 교사는 지붕과 창문이다.

사도와 선지자, 복음 전도자, 목사는 종종 부가적으로 가르치는 사역을 한다.

사도의 사역을 맡은 자들은 보통 다른 사역의 은사를 조금씩 가지고 있고, 그 은사로 일한다. 사도는 개척하여 기초를 세우는 사역자들로, 종종 자신의 힘으로 사역을 시작해야 하기 때문이다. 그때 사역자들은 선지자의 사역을 할 필요가 없다는 유혹을 느끼기도 한다. 그러나 에베소서 2장 20절은 그렇게 말하지 않는다. 그들은 그들의 일을 해야 한다. 강철 없이 콘크리트로만 건물의 기초를 세울 수는 없는 법이다!

그러므로 그들이 처음부터, 또 계속해서 선지자의 사역과 비슷한 일을 해야만 한다는 것을 겸손하게 인정하는 것이 더더욱 중요하다. 선지자이자 교사였던 실라는 사도이자 교사였던 바울과 바나바와 가까이 지내며 한 팀으로 사역했다.

모든 사역자는 그리스도인들 개개인에게 각자 은사에 맞는 사역을 맡길 수 있도록 하나님의 인도하심을 구해야 한다. 하나님이 그들을 빠른 길로 인도하시기 때문이다. 이는 훌륭한 연합을 이루며, 관련된 모든 자에게 만족감을 준다.

초대교회에서는 직함이 없었다. 그저 사역자는 자기 역할을 했고, 그것으로 사람들에게 인정과 존경을 받았을 뿐이다. 사도들은 지역 교회의 감독자로 장로들을 임명했다. 뉴킹제임스 성경에 따르면 '감독'(bishop)이라는 단어의 문자적 의미는 '감독자'(overseer)다.

디도서 1장 5절에서 바울은 디도에게 자기가 지시한 대로 각 성에 장로들을 세워서 부족한 부분들을 정돈하라고 말했다. 사도들과 선지자들과 장로들은 교회의 영적인 지붕으로, 일반적인 관리 감독의 역할을 했다. 그들은 삼위일체 연합을 이루어 하나님을 기다리고, 성령님의 인도를 받을 때에만 능력을 나타냈다.

사도행전 6장에 매우 중요한 깨달음이 있다. 영적 리더들이 그들의 사역을 완수하려면, 지속적으로 "기도하는 일과 말씀 사역"(4절)에 힘쓰는 시간을 우선시해야 한다는 것이다. 그 명령은 지금도 그대로다! 사도와 선지자가 이 성령의 명령을 수행하려고 자기를 단련했다면, 그들의 가르침은 더 깊어지고 잃어버린 자들을 전도하려는 비전과 책임감은 더 커졌을 것이다. 또 그리스도의 형상을 닮아 가는 과정에서 놀라운 변화가 일어났을 것이다. 그리스도와 더 깊고 넓은 차원의 연합이 이루어졌을 것이다.

그들은 순종하는 과정에서 여러 행정 임무를 맡을 집사들을 임명했다. 나는 이 부분이 마음에 든다. 성경에서 영적 리더십의 역할을 언급할 때 하나님이 강인한 성품을 중요시하신다는 것을 매우 분명하게 보여 주기 때문이다. 바울은 디모데에게 쓴 편지에서 모든 감독의 자격 요건을 제시하는데, 우리도 항상 그 자격 요건에 주의를 기울이고 진지하게 받아들여야 한다. 그 자격 요건은 디모데전서 3장 2-7절에 나와 있다. 집사들과 그 아내들의 성경적인 자격 요건도 디모데전서 3장 8-12절에 나와 있다. 우리는 이 요건들을 잘 알고 있는가? 이 기준들에 따라 살고 있는가?

주목할 것은, 바울이 명백하게 다른 이 두 사역자에게 그들의 특징을 나열한 목적을 반복해서 말하는 것이다.

> 내가 속히 네게 가기를 바라나 이것을 네게 쓰는 것은 만일 내가 지체하면 너로 하여금 하나님의 집에서 어떻게 행하여야 할지를 알게 하려 함이니 이 집은 살아 계신 하나님의 교회요 진리의 기둥과 터니라(딤전 3:14-15).

이고니온과 루스드라, 더베와 안디옥에서 많은 복음전도를 한 바울과 바나바는 "각 교회에서 장로들을 택하여 금식기도를 하며 그들이 믿는 주께 그들을 위탁"(행 14:23)했다. 디모데전서 5장 17절에서 바울은 영적 감독, 즉 사도와 선지자와 임명된 장로를 존중하며 이렇게 말한다.

> 잘 다스리는 장로들은 배나 존경할 자로 알되 말씀과 가르침에 수고하는 이들에게는 더욱 그리할 것이니라.

또 히브리서 11장 2절은 그들이 맡은 사역을 온전히 이행하려면 강한 믿음이 중요하다는 것을 보여 준다. "선진들이 이로써(믿음으로) 증거를 얻었느니라"

초대교회에서는 어떤 사역자도 자신의 사역을 다른 사역보다 중요하게 여기지 않았다. 그들은 정말로 모든 성도의 제사장직을 믿었다. 성직자와 평신도를 구분하지 않았다. 물론 목회자들도 지배적인 발언자가 아니었다!

오늘날에는 해마다 다른 직업보다 목회자의 사임 비율이 더 높게 나온다는 통계자료가 있다. 또한 해마다 미국에서 약 3천 개의 교회가 문을 닫는다고 한다. 그렇다면 다음과 같은 질문들이 제기된다. 도중에 그만두는 목사들은 정말로 하나님의 인도하심으로 목사와 교사가 되었던 것인가? 그들은 정말로 기독교 전임 사역자가 되도록 하나님께 부르심 받았고, 그래서 목회자가 되는 것 외에는 다른 길을 생각하지 않았는가? 사도나 선지자 같은 사역자나 성숙하고 경험 많은 장로 중에서 그들이 목회자이자 교사임을 확증해 준 사람이 있는가? 하나님이 그분의 말씀으로, 또는 다른 유효한 방식으로 그가 목회의 책임을 맡게 된 시기가 적절했음을 확증해 주셨는가?

그들이 하나님의 분명한 인도하심을 받아 목회자가 되었다면, 그만둘 때도 똑같이 하나님의 분명한 인도하심을 받아야 한다.

또한 사역자들의 확증도 받아야 한다.

하나님은 "여호와를 경외하는 것이 지식의 근본이거늘"(잠 1:7) "여호와를 경외하는 것이 지혜의 근본이요"(잠 9:10)라고 말씀하신다. 그것은 또한 "악을 미워하는 것"(잠 8:13)을 의미한다. 또한 여호와의 인도하심을 구하는 것은 사람을 두려워하는 우리의 마음을 자유롭게 해주는 유일한 길이다. "사람을 두려워하면 올무에 걸리게 되거니와"(잠 29:25). 그러므로 하나님을 두려워하는 것은 어떤 사역이든 권위 있게 유지하는 데 있어서 반드시 필요한 것이다.

나는 경건하고 헌신적이며 재능 있는 사역 리더들이 하나님의 말씀에 쓰여 있는 대로 자신의 사역의 역할을 이해하지 못하여 좌절하고 혼란스러워하는 것을 너무도 많이 봤다. 그 결과, 사람들은 사역자들에게 많은 요구 사항을 던지고 사역자들이 그 책임을 짊어지지만, 결국 그 짐을 버거워하며 평안과 기쁨을 잃게 된다. 그래서 가장 가까운 관계 속에 불화가 생기고 만다.

어떤 경우에는 내가 여기에 쓰고 있는 교훈만으로도 그들의 참된 사역의 소명이 무엇이며 그 사역의 범주 안에서 필요한 것이 무엇인지 그들에게 보여 줄 수 있었다. 최근에 나는 한 명의 목사(이자 교사), 두 명의 선지자(이자 교사), 그리고 한 명의 사도(이자 교사)와 함께했다. 그들 모두 참으로 겸손하고 사랑 많고 종처럼 섬기는 마음을 지녔다. 그들 안에는 삼위일체의 사랑이 강처럼 흘렀고, 그들은 어떤 대가를 치르더라도 늘 진리를 따르고자 했다.

그들 모두 광범위하게 영향력 있는 사역을 하고 있었지만, 그와 상관없이 모두 성경이 자신들의 사역과 역할에 관해 뭐라고 말하는지 새롭게 깨달아야 할 필요가 절실했다. 그 만남 이후 그들 중 두 사람에게서 이런 메일을 받았다.

"우리가 운명의 밤을 맞이하도록 도와주셔서 감사합니다. 당신이 전해 준 성경의 진리를 사용하여 성령님이 우리 삶과 사역을 정돈해 주셨습니다. 이는 새로운 운동의 시작이 될 것입니다. 우리 마음속에 넘치는 감사를 말로 다 표현할 수가 없습니다."

그들의 겸손과 감사는 나에게 큰 감동과 용기를 주었다. 특히 이 장을 쓰는 데 큰 힘이 되었다.

어떤 사람은 이렇게 말한다. "네, 모두 좋게 들립니다. 그러나 제가 어디서부터 시작할 수 있을까요? 어떻게 사역을 시작해야 할까요?" 그 답은 단순하다. 하나님이 당신에게 명하시는 작은 일부터 순종하면 된다. 또 그것을 삶의 양식으로 삼으면 된다. 그리 복잡하지 않다.

그러면 당신은 이렇게 물을지도 모른다. "저의 사역이 무엇인지 다른 사람들에게 알려야 합니까?" 답은 "아니오!"다. 우리는 아무것도 하지 않아도 된다. 하나님이 보시기에 우리의 사역을 나타낼 적기가 되면, 다른 사람들이 그것을 인식하도록 그분이 직접 이끄시고 우리가 그 일들을 행하게 하실 것이다.

"하나님은 믿고 순종하는 자들에게 늘 길을 열어 주신다." 이것은 내가 1970년대 초반에 처음으로 한국의 수도 서울에서 수많은 대학생과 YWAM(Youth With A Mission, 국제 예수전도단)회원들에게 전한 메시지의 제목이다. 그 메시지의 파급 효과는 아직도 전 세계에 반향을 불러일으키고 있다. 최근에 어느 성숙하고 경건한 여성 선교사(이자 교사)를 만났는데, 그 여인은 젊었을 때 그 메시지를 들었다고 했다. 그 여인은 오랫동안 선교여행을 다녔는데, 이는 그 메시지가 그 여인의 '삶의 메시지'가 되었다는 것을 확실히 보여 주었다.

우리의 삶에 계획하신 하나님의 목적을 막거나 훼방할 수 있는 것은 오로지 우리 자신뿐이다.

> 주께서는 못 하실 일이 없사오며 무슨 계획이든지 못 이루실 것이 없는 줄 아오니(욥 42:2).

사탄은 하나님의 뜻을 막을 수 없다. 사탄은 단지 창세기 3장 1-5절에서 아담과 하와에게 보여 준 오래된 교만과 불신의 방법으로 우리를 유혹하려 할 뿐이다.

하나님이 처음 나에게 7개국에서 하나님의 말씀을 가르칠 수 있게 문을 열어 주셨던 때를 생생히 기억한다. 짐과 나는 세계를 다닐 항공권을 구입할 돈이 한 푼도 없었다. 그러나 우리는 그 이야기를 아무에게도 하지 않았고, 나를 초청한 사람도 여행 경비에 도움을 주지 않았다. 당시 우리는 뉴질랜드에 살고 있었다.

그러던 어느 날 밤, 잠을 자다가 새벽 2시 30분에 갑자기 어떤 목소리가 들려와서 잠이 깼다. 나는 그것이 사탄의 목소리임을 바로 알아차렸다. "그 누구도 네가 항공권을 구입하는 일을 도와주지 않을 거야."

그때 귀하신 성령님이 성경말씀을 하나 상기시켜 주셨다. 사도행전 27장 25절에서 바울이 거대한 폭풍우를 만나 파선을 앞둔 상황에서 한 말이다. "나는 내게 말씀하신 그대로 되리라고 하나님을 믿노라." 나는 권위 있게 그 말씀을 입으로 고백하고, 예수님의 이름으로 원수를 물리치고는 바로 다시 잠이 들었다. 그리고 필요한 돈은 모두 느리지만 확실히, 가장 특이한 곳에서 채워졌다. 할렐루야.

시편 138편 8절은 "여호와께서 나를 위하여 보상해 주시리이다"라고 말한다. 나는 욥기 23장 13-14절 말씀을 즐겨 인용한다.

> 그는 뜻이 일정하시니 누가 능히 돌이키랴 그의 마음에 하고자 하시는 것이면 그것을 행하시나니 그런즉 내게 작정하신 것을 이루실 것이라 이런 일이 그에게 많이 있느니라.

짐과 나는 먼저 하나님의 뜻을 구하고 하나님의 의의 기준인 삼위일체의 연합 안에서 살면, 하나님이 그 약속들을 거듭 이루어 주시는 것을 목격했다.

> 그런즉 너희는 먼저 그의 나라와 그의 의를 구하라 그리하면 이 모든 것을 너희에게 더하시리라(마 6:33).

나는 남편과 온전히 연합하지 않은 상태에서 하나님의 말씀을 전한 적이 한 번도 없다. 모두 하나님의 은혜다. 남편은 나의 가장 헌신적인 개인 중보자다. 얼마나 놀라운 선물인지 모른다. 그러나 우리가 베드로전서 3장 7절 말씀대로 서로 연합하지 않으면 그런 기도들은 효력을 잃는다.

> 남편들아 이와 같이 지식을 따라 너희 아내와 동거하고 그를 더 연약한 그릇이요 또 생명의 은혜를 함께 이어받을 자로 알아 귀히 여기라 이는 너희 기도가 막히지 아니하게 하려 함이라.

참으로 정신이 번쩍 들게 하는 말씀이다! 그리스도의 몸 안에서 연합하지 않는 것은 왕이 오시는 것을 저지하는 것이다. 이 또한 정신이 번쩍 들게 하는 생각이다. 어떻게 하면 하나님의 백성이 이 삼위일체 연합의 주제를 진지하게 받아들일 수 있을까?

나는 이 책이 교회를 일깨워, 하나님의 관점으로 연합을 바라보고 삶 속에서 필요한 변화들을 이루도록 돕는 역할을 하기를 기도한다. 하나님이 그렇게 하실 것이다!

어쩌면 우리가 연합하는 데 필요한 가장 중요한 변화는 용서하는 자세일 것이다. 그래서 이 중요한 주제를 다음 장에 할애하여 다루었다.

CHAPTER 7

용서해야
연합한다

우리가 제일 먼저 분명히 해야 할 것이 있다. 하나님은 절대적으로 의로우시고 항상 공정하시므로, 우리는 절대로 하나님을 비난할 수 없다는 것이다. 따라서 우리는 하나님을 용서할 수 없다.

> 그는 반석이시니 그가 하신 일이 완전하고 그의 모든 길이 정의롭고 진실하고 거짓이 없으신 하나님이시니 공의로우시고 바르시도다(신 32:4).

우리는 하나님의 정의를 이해할 수 없는 힘든 상황에 부닥칠 때가 많고, 그럴 때면 하나님의 한결같은 사랑과 완전한 정의를 의심하고 싶은 유혹을 받는다. 그리고 상황이 더 악화되면, 하나님이 우리를 버리셨다고 믿게 된다. 믿음의 여정에서 격동의 바다를 안전하게 항해하는 유일한 길은 하나님의 정의에 관한 말씀을 굳게 의지하는 것이다.

> 여호와께서는 그 모든 행위에 의로우시며 그 모든 일에 은혜로우시도다(시 145:17).

하나님은 처음부터 끝까지 다 아시는 분이다. 따라서 우리에게 복 주시기 위해 어디로 데려가야 하는지도 알고 계신다. 이는 곧 우리가 하나님을 추적할 수 없는 곳에서도 그분을 믿어야 한다는 뜻이다. 또 하나님을 원망한다면 그 죄를 회개해야 한다. 하나님을 원망하는 것이 하나님과의 친밀한 관계를 방해하기 때문이다. 환경에 상관없이 하나님의 인격을 전적으로 신뢰해야 하나님을 온전히 예배하고 찬양할 수 있다. 바로 거기에 행함이 있다!

용서하기 전에 먼저 자신을 보라

사람들을 용서하려면 그들이 우리에게 잘못한 일이 있어야 한다.

그러나 우리의 마음이 상했다고 해서 우리에게 상처 준 사람이 무조건 잘못했다고 볼 수는 없다. 감정이 상하고 원망하는 마음을 품기 쉬운 상황들이 있다. 사람들이 우리와 상의하지 않고 일을 진행했다거나 우리를 어떤 그룹에 끼워 주지 않았을 때, 또는 우리에게 해야 할 이야기를 하지 않았을 때, 우리가 충분한 관심을 받지 못했을 때, 우리가 책임지고 한 일을 인정하지 않았을 때, 누군가 우리의 잘못을 정확히 지적했을 때가 그렇다.

이런 상황들을 객관적으로 생각해 보면, 각각의 경우에 꼭 그들이 잘못한 것은 아님을 알 수 있다. 그러므로 하나님께 우리의 자아가 어디서 상처를 받았는지 보여 달라고 진지하게 간구하자. 다른 사람들의 행동에, 또는 다른 사람들이 행동하지 않는 것에 분개하는 근본 원인이 우리의 교만에서 비롯된 것은 아니었을까? 어쩌면 하나님은 우리가 의사소통할 때 다른 사람들의 필요에 민감하지 않다는 것을 보여 주시는 것일 수도 있다.

몇 가지 예를 살펴보자. 어쩌면 우리는 먼저 불필요한 대화를 해서 다른 사람들의 필요에 둔감했을 수 있다. 아니면 우리가 무질서하게 대화를 나눈 것은 아닐까? 그랬다면 그것이 상대방의 책임일까? 적절한 시기에 대화를 나누었는가? 나는 전화를 걸 때면 상대방에게 먼저 통화가 가능한 상황인지 묻는 사람이 별로 없다는 사실에 깜짝 놀란다! 우리는 적절한 방법으로 대화했는가? 대화 중에 올바른 태도와 동기를 취했는가?

용서는 선택 사항이 아니다

의사소통을 할 때 상대방의 반응이 우리가 기대하거나 당연하다고 생각한 것에 못 미치는 경우, 그 사람을 멋대로 판단하는 것을 미루자. 그 전에 먼저 하나님께 이 모든 일을 통해 우리에게 무엇을 가르쳐 주시려고 하는지 보여 달라고 기도하자.

다른 사람들이 우리에게 부당한 잘못을 했을 때, 용서는 선택 사항이 아니라 하나님의 말씀에 순종하는 것임을 반드시 이해해야 한다. 예수님은 마태복음 6장 14-15절에서 이것을 아주 명백하게 말씀하셨다.

> 너희가 사람의 잘못을 용서하면 너희 하늘 아버지께서도 너희 잘못을 용서하시려니와 너희가 사람의 잘못을 용서하지 아니하면 너희 아버지께서도 너희 잘못을 용서하지 아니하시리라.

우리에게 하나님의 용서가 필요한가? 당연히 한 명도 빠짐없이 모두 그렇다! 그러므로 우리의 가장 큰 필요를 채우기 위해서는 반드시 다른 사람을 용서해야 한다.

다른 사람을 용서해야 하는 또 다른 중요한 이유는, 우리가 용서하지 않으면 원망이 더 커져서 결국은 반드시 분열을 일으키기 때문이다. 이는 비그리스도인들이 그리스도께 나아오는 데 가장 큰 걸림돌이 될 수 있다. 무엇보다도 비그리스도인들을 그리스도께 끌어모으는 가장 효과적인 방법은 우리가 한결같이 다른 신자들과 사랑과 조화를 이루며 사는 것이다(요 17:23). 이는 영향력이 매우 크다.

우리는 사랑하는 사람들과의 관계 속에서 부당함을 느낄 때 가장 많이 상처를 받는다. 따라서 우리의 가장 깊은 아픔은 바로 우리와 가장 가까운 사람들에게서 온다. 우리에게 부당하게 상처를 준 사람들은 주로 배우자와 부모, 자녀, 형제자매, 친척, 친구, 지인, 우리의 권위 아래 있는 사람들이다.

이것의 가슴 아픈 예를 사무엘하 13장 38-39절에서 볼 수 있다. 다윗 왕의 아들 압살롬은 자기 누이 다말을 강간한 형제 암논을 살해했다. "압살롬이 도망하여 그술로 가서 거기에 산 지 삼 년이라 다윗 왕의 마음이 압살롬을 향하여 간절하니 암논은 이미 죽었으므로 왕이 위로를 받았음이더라." 37절에 보면 "다윗은 날마다 그의 아들(압살롬)로 말미암아 슬퍼하니라"고 했다.

그러나 다윗은 이 깨진 관계를 회복하고 연합하기 위해 아무

일도 하지 않았다. 여기에 중요한 교훈이 있다. 다윗은 압살롬에게 맞서 그를 훈육하거나 화해하려고 애쓰지 않았다. 결국 요압(다윗의 지도자이자 충신)과 드고아에서 온 지혜로운 여인이 다윗에게 압살롬을 다시 불러들여야 한다는 메시지를 전하는 역할을 하게 됐다. 그 긴 이야기가 사무엘하 14장 1-23절에 나와 있다.

이제 다윗 왕의 반응을 보자. "왕이 이르되 그를 그의 집으로 물러가게 하여 내 얼굴을 볼 수 없게 하라 하매 압살롬이 자기 집으로 돌아가고 왕의 얼굴을 보지 못하니라"(24절).

28절은 "압살롬이 이태 동안 예루살렘에 있으되 왕의 얼굴을 보지 못하였으므로"라고 한다. 압살롬은 요압에게 자신의 아버지인 다윗을 만나도록 도와달라고 두 번이나 부탁했지만 소용이 없었다. 다시 한 번 시도한 끝에, 마침내 그의 요청이 받아들여졌다. 압살롬은 아버지와 진지한 대화를 나누고 싶다고 설명했다(32절). 그러나 슬프게도 압살롬이 다윗 왕에게 나아가 그 앞에서 고개 숙여 절했을 때 다윗이 압살롬에게 입을 맞추었다고 성경은 말한다(입맞춤은 그 당시 일반적인 인사에 불과했다). 그 둘 사이에 교제가 있었다는 기록은 없다. 그 결과 압살롬은 다윗에게 반역죄를 범했고, 이스라엘 사람의 마음을 훔쳤다(삼하 15:6). 그리하여 결국 다윗은 성을 떠날 수밖에 없었다.

화해를 위해 노력하지 않은 대가는 이렇게 크다! 진정한 용서는 언제나 유대관계로 이어진다. 자신의 아버지와 유대감을 형성하지 못했던 압살롬의 마음속에 들어온 것은 배신의 씨앗이었다. 결국 다윗이 이 유혹의 원인 제공자가 된 셈이다!

하나님의 말씀은 마태복음 18장 7절에서 이 죄를 강력하게 다루고 있다.

> 실족하게 하는 일들이 있음으로 말미암아 세상에 화가 있도다 실족하게 하는 일이 없을 수는 없으나 실족하게 하는 그 사람에게는 화가 있도다.

용서는 겸손에서 나온다

재림 전 마지막 때, 즉 이 시대를 말씀하시면서 예수님은 "많은 사람이 실족하게 되어 서로 잡아 주고 서로 미워하겠으며"(마 24:10)라고 예언하셨다. 또 "형제가 형제를, 아버지가 자식을 죽는 데에 내주며 자식들이 부모를 대적하여 죽게 하리라"(막 13:12)고 말씀하셨다.

이 모든 끔찍한 시나리오는 사람들이 용서하지 않기 때문에 일어난다. 용서는 원망에서 우리를 자유롭게 해주지만, 그 원망을 내버려 두면 죽음에 이르는 끔찍한 분열을 일으킨다. 우리는 하나님의 말씀에 나오는 이런 경고들에 주의를 기울여야 한다.

한나는 영적 리더가 우리에게 큰 실망을 안겨 주었을 때 어떻게 대응해야 하는지 보여 주는 전형적인 본보기다. 사무엘상 1장에서 우리는 한나(한나는 은혜라는 뜻임)의 이야기를 읽을 수 있다. 한나는 아기를 낳지 못했기 때문에 성전에서 주님께 조용히 마음을 쏟아내고 있었다. 한나는 하나님이 아들을 주신다면, 그 아이를 다시 하나님께 돌려드려 평생 주의 성전에서 섬기게 하겠노라고 맹세했다. 그때 엘리 제사장이 기도하는 한나를 술 취한 여자로 착각해서 심하게 꾸짖었다.

한 여자가 영적 리더의 분별력이 얼마나 형편없는지 알려 주고 싶은 유혹을 느낀 순간이 있었다면, 바로 이때였을 것이다! 한나는 엘리 제사장이 자신을 아주 잘못 판단하고 있음을 지적해 주는 것을 정당한 태도로 느꼈을 수 있다. 그러나 한나는 겸손했고, 자신의 정당성을 입증해 주실 하나님의 신실하심을 신뢰했기에 단순히 사실만 이야기했다. 그러자 엘리는 아들을 구하는 한나의 간구를 하나님이 들어주실 것이라는 확신을 심어 주고 축복 기도를 해주었다.

우리에게 상처를 주거나 우리를 오해한 영적 리더를 원망함으로, 하나님이 그 리더를 통해 우리에게 주고자 하신 많은 복을 받지 못하는 경우가 얼마나 많은가! 겸손은 변화를 일으키며, 연합을 방해하지 않는다. 왜냐하면 우리는 용서를 선택할 것이고, 그 결과 우리를 축복해 주시려는 하나님의 계획이 이루어질 것이기 때문이다.

"오 하나님, 우리가 이 중요한 원리를 정말로 이해하고 필요할 때마다 적용할 수 있게 도와주소서. 예수님의 이름으로, 믿습니다. 아멘."

이제 당신은 이렇게 생각할지 모른다. "저자가 이런 명령들을 적용하는 방법을 실제로 조언해 주면 좋겠어. 과연 저자가 이 모든 일을 겪어 보았는지 의문이야." 이런 반응을 이해한다. 이 일은 내가 직접, 그것도 여러 번 겪은 일이며, 매번 그것이 효과가 있다는 것을 증명해 보였다.

성경이 말씀하는 용서의 원리

첫 번째, 우리에게 잘못한 사람들을 용서했다는 것을 확실히 알 때까지 하나님이 성경에서 우리에게 주시는 경고를 심각하게 받아들여야 한다. "너희는 하나님의 은혜에 이르지 못하는 자가 없도록 하고 또 쓴 뿌리가 나서 괴롭게 하여 많은 사람이 이로 말미암아 더럽게 되지 않게 하며"(히 12:15).

두 번째, 그것이 우리의 의지의 행위라는 것을 깨달아야 한다. 우리는 용서하기를 원해야 한다.

세 번째, 원망은 우리의 마음과 영혼, 몸과 영을 파괴하는 강력한 힘이라는 것을 알아야 한다. 원망을 성경적으로 다루지 않으면, 우리의 사역에 더는 성령의 기름이 부어지지 않으며 나중에는 아예 사역 전체를 잃을 수 있다. 우리는 책임이 커질수록 우리의 소명에 따라 치러야 할 대가를 하나님께 원망하고 싶은 유혹이 강해진다. 그러나 이것은 잘못된 관점이다. 창조주이시며 우주를 붙들고 계신 분을 섬기는 특권은 언제나 대가보다 더 크다.

사람들이 하나님의 말씀을 가르치는 우리의 기대나 바람과는 달리 우리의 가르침에 반응하지 않을 경우, 우리는 그들을 원망할 수 있다. 그것은 생각해 볼 일이다. 원망이 많은 질병을 일으킬 수 있다는 사실이 의학적으로 입증되어 왔다. 몇 가지만 예로 들자면, 고혈압과 궤양, 발진, 두통, 관절염 등이 그렇다. 잠언 14장 30절도 이 사실을 확증하고 있다.

평온한 마음은 육신의 생명이나 시기는 뼈를 썩게 하느니라.

이는 매우 중요한 사실이다!

어느 모임에서 이 주제를 이야기한 적이 있는데, 그 자리에 자기가 왜 항상 아픈지 궁금해하는 한 여인이 있었다. 그때 성령님은 그 여인에게 어머니를 원망하는 마음이 있다는 것을 깨닫게 해주셨다. 여인은 예배 중에 그 일을 회개했다. 그러자 하나님은 그 여인의 심령에 예레미야 30장 17절 말씀을 주셨다. 여인은 그 구절이 무슨 내용인지 몰랐으나 성경을 찾아보고는 하나님이 "내가 너의 상처로부터 새살이 돋아나게 하여 너를 고쳐 주리라"고 말씀하셨다는 것을 알았다. 용서의 메시지를 통해 하나님이 무슨 말씀을 하시는지 나누는 시간에, 그 이십 대 여인은 사람들 앞에서 자신의 이야기를 했다. 그리고 그 자리에 있던 모든 사람이 축복을 받았다.

네 번째, 원망은 우정과 유대감을 파괴한다. 예수님이 누가복음 15장에서 들려주신 이야기에 나오는 탕자의 형은 아버지와 동생을 원망함으로써 그 두 사람과 교제하는 즐거움을 모두 잃었다. 다른 사람들은 모두 방황하던 아들이 집으로 돌아온 것을 축하하며 즐거운 시간을 보내고 있는데, 혼자서만 파티에서 기쁨과 동지애를 느끼지 못했던 것을 생각해 보라. 탕자의 형은 남을 원망하며 비참한 상태에 빠져 있었다! 우리가 용서를 선택하기 전까지는 진정한 자유나 기쁨, 평화는 없다.

다섯 번째, 누군가를 용서하지 않은 상태에서 하는 기도는 아무 효과가 없다. 마태복음 6장 12절에서 예수님이 제자들에게 기도하는 법을 가르쳐 주실 때 말씀하신 용서와 기도의 관계를 주목하라. 예수님은 "우리가 우리에게 죄 지은 자를 사하여 준 것 같이 우리 죄를 사하여 주시옵고"라고 말씀하셨다. 다시 14-15절에선 "너희가 사람의 잘못을 용서하면 너희 하늘 아버지께서도 너희 잘못을 용서하시려니와 너희가 사람의 잘못을 용서하지 아니하면 너희 아버지께서도 너희 잘못을 용서하지 아니하시리라"고 말씀하셨다. 우리가 용서하지 않아서 기도 응답을 받지 못하는 경우가 얼마나 많은가.

여섯 번째, 이제 용서와 믿음으로 기도하는 것의 관계에 주목해 보자.

> 너희는 스스로 조심하라 만일 네 형제가 죄를 범하거든 경고하고 회개하거든 용서하라 만일 하루에 일곱 번이라도 네게 죄를 짓고 일곱 번 네게 돌아와 내가 회개하노라 하거든 너는 용서하라 하시더라 사도들이 주께 여짜오되 우리에게 믿음을 더하소서 하니 주께서 이르시되 너희에게 겨자씨 한 알만 한 믿음이 있었더라면 이 뽕나무더러 뿌리가 뽑혀 바다에 심기어라 하였을 것이요 그것이 너희에게 순종하였으리라(눅 17:3-6).

나는 몇 년 동안 자기 사위의 변화를 놓고 기도해 온 어느 성숙한 그리스도인 여성을 알고 있다. 그 사위는 자신의 아내와 어린 두 자녀에게 매우 불친절했다. 그 성도는 용서에 관한 나의 이 메시지를 듣고 사위에게 원망을 품었던 것을 회개했다. 그때가 목요일 밤 11시였다. 그런데 토요일에 그 성도의 사위가 먼 거리를 운전해 집에 찾아와서 용서를 구하며, 성령님이 남편과 아버지로서 잔인하게 행한 자신의 죄를 깊이 깨닫게 해주셨고 그 죄를 회개했다고 말했다. 그 성도는 그 일이 언제 일어났는지 물었다. "목요일 밤 11시였어요"라고 사위가 대답했다. 이 일은 우연의 일치가 아니라 하나님이 행하신 일이었다!

갈라디아서 5장 6절은 믿음이 사랑을 통해 역사한다고 말한다. 다른 사람들을 위해 기도할 때, 우리는 그 두 요소가 다 작용하고 있는지 확인해야 한다. 매번, 항상 그래야 한다!

일곱 번째, 용서의 가장 강력한 원리는 하나님이 우리를 용서해 주신 모든 일을 생각하는 것이다.

> 너희는 모든 악독과 노함과 분냄과 떠드는 것과 비방하는 것을 모든 악의와 함께 버리고 서로 친절하게 하며 불쌍히 여기며 서로 용서하기를 하나님이 그리스도 안에서 너희를 용서하심과 같이 하라(엡 4:31-32).

베드로는 예수님을 세 번 부인했다. 예수님이 하실 일은 용서의 눈빛으로 베드로를 바라보시는 것뿐이었다. 그 눈빛이 베드로의 마음을 녹였고, 회개로 이끌었다. 후에 베드로가 예수님께 누군가를 용서할 때 일곱 번 용서해 주면 충분한 것인지 물었을 때, 예수님은 최고의 대답을 내놓으셨다. "일곱 번을 일흔 번까지라도 할지니라." 왜 그런가? 다른 사람을 용서하는 것이 예수님께는 삶의 양식이었기 때문이다.

유다가 예수님을 배신하러 왔을 때 예수님의 첫 번째 반응은 "친구여, 무엇하러 여기에 왔느냐?"고 물으신 것이었다(마 26:50). 보통 배신자에 대한 반응은 이렇지 않다. 십자가에 달려 마음과 몸과 영과 혼의 고통 속에서 우리 죄를 짊어지고 우리 구세주가 되셨을 때 예수님은 이렇게 부르짖으셨다. "아버지 저들을 사하여 주옵소서 자기들이 하는 것을 알지 못함이니이다"(눅 23:34). 용서는 예수님 삶의 양식이었다.

당신은 이렇게 생각할지 모른다. '정말 놀랍습니다. 그러나 저는 예수님이 아닙니다.' 맞는 말이다. 그러나 예수님의 제자로서 진리를 전한다는 이유로 돌에 맞아 죽은 스데반도 하나님께 이렇게 기도했다. "주여 이 죄를 그들에게 돌리지 마옵소서"(행 7:60). 왜 그랬을까? 그에게도 용서는 삶의 양식이었기 때문이다. 우리도 똑같은 선택을 할 수 있다.

피차 용서하되 주께서 너희를 용서하신 것 같이 너희도 그리하고 (골 3:13).

지금부터 하는 이야기는 내가 말한 용서를 아주 잘 설명해 준다. 오늘날 용서를 삶의 양식으로 택한 예수님의 제자들에 관한 이야기다.

아프리카 대륙에 급진주의와 폭력, 테러를 양산한다고 알려진 지역이 있다. 그 사람들은 자신들의 종교에 전적으로 헌신하며 복음과 예수님에게 적대적이었다. 그런데 어느 국가적인 기독교 리더가 그들에게 다가갈 마음을 품었다. 그 리더는 복음을 전하겠다고 자원한 대학생들의 그룹을 동원해 훈련을 시켰다. 그 학생들은 그 일을 하다가 죽을 수도 있다는 걸 알았다. 학생들은 기도하고 금식했으며, 마가복음에 나오는 예수님의 생애를 아프리카어로 보여 주는 영화 〈예수〉 DVD를 가득 싣고 여행을 떠났다. 그들은 주님을 섬기다가 죽을 각오가 되어 있었다. 도착하자마자 그들은 현지 종교 지도자들의 눈에 띄었고, 이런 질문을 받았다. "당신들은 누굽니까? 왜 여기 왔어요? 뭘 하고 있는 겁니까?"

학생들은 대답했다. "우리는 당신들에게 좋은 소식을 전해 주러 왔습니다!" 그러자 한 리더가 비웃으며 말했다. "무슨 좋은 소식이요?" 학생들은 "좋은 소식은 예수님, 그리고 치유하고 구원하시는 그분의 능력입니다"라고 대답했다. 그러자 종교 지도자는 이렇게 말했다. "좋아요, 그럼 당신들에게 한 가지 도전을 던져 주겠습니다. 여기에 아주 오랜 세월 미치광이로 살아온 사람이 있어요. 당신들의 예수님이 이 사람을 고쳐 줄 수 있다면 우리가 예수님을 따르죠. 하지만 만일 당신들의 예수님이 실패한다면, 당신들은 개종해서 우리의 종교를 따라야 합니다."

믿음과 용기로 충만한 학생들은 모두 동의하며 "그 사람을 우리에게 보내 주십시오" 하고 말했다. 그 미치광이의 행동은 정상이 아니었고, 보아하니 귀신들린 것이 틀림없었다. 학생들은 밤새 그 사람을 위해 기도했고, 말씀을 읽고 주님을 찬양했으며, 그를 떠나갈 것을 귀신들에게 명령했다. 그러자 귀신들이 하나둘씩 말씀의 능력과 어린양의 보혈에 굴복했다. 아침이 되자 귀신이 모두 떠나고 없었다. 그 사람은 완전히 구원을 받았다.

학생들은 그 사람을 깨끗하게 씻겨 주고 면도를 하고 손톱도 깎아 주었다. 그리고 그 도전을 제시한 지도자에게 그 사람을 데려갔다. 그 사람은 이제 정신이 온전히 돌아와 있었고, 학생들에게 매우 고마워하고 있었다. 그 변화는 매우 충격적이어서, 사람들은 아무도 그 사실을 받아들이지 못했다. 그리고 지도자는 약속을 어기고 말았다. 그는 학생들을 구타하고 차에 태워 마을 밖으로 쫓아냈다. 그리고 미치광이였으나 이제는 정신이 돌아온 사람을 작은 방에 가두고는 아무 말도 하지 못하게 했다. 하지만 그는 말을 하지 않을 수가 없었다. 자신이 갇혀 있는 감방 앞으로 지나가는 사람들을 볼 때면, 계속해서 하나님께 영광을 돌리며 "예수님이 저를 고쳐 주셨어요! 예수님이 저를 고쳐 주셨어요!" 하고 소리쳤다.

온 마을 사람이 그 사건과 예수님의 능력을 알게 되었다. 그 소식은 다시 학생들에게 전해졌다. 학생들은 아직 상처가 다 낫지 않았음에도, 사역 책임자에게 그 마을로 다시 들어가도 될지 물었다. 이번에는 다른 학생들도 동참하겠다고 나섰다. 마을의 중심지인 큰 시장으로 간 학생들은 사람들 앞에서 큰 소리로 복음을 선포했고, 수천 명이 그 복음을 들었다. "이 사람을 고쳐 주신 분이 바로 예수님입니다. 우리가 오늘 여러분에게 전하는 분이죠. 믿고 치유받으세요. 그분을 영접하고 죄사함을 받으세요." 학생들은 말씀을 전하면서 예수의 생애를 담은 DVD를 나눠 주었다.

그러자 현지의 종교 지도자들이 다시 나섰다. 그들은 학생들을 체포하고 구타했으며, 이번에는 감옥에 가두어 버렸다. 그곳에서 학생들은 국제적으로 유명한 테러리스트 집단의 용의자 여섯 명과 밤을 보내게 되었다. 테러리스트의 우두머리는 허리가 아프다며 밤새 비명을 지르고 도움을 호소했다. 감옥에 있던 학생들이 그에게 다가갔다. "우리에게 아주 강력한 약이 있습니다. 예수님이 당신을 고쳐 주실 수 있어요. 하지만 먼저 해야 할 일이 있어요. 믿고, 회개하고, 당신의 삶을 그리스도께 드리는 겁니다." 그 테러리스트는 학생들의 말을 따랐고, 주님이 그를 치료해 주셨다. 이 일은 모든 사람에게 강력한 증거가 되었다. 그 급진적인 테러리스트 우두머리를 비롯한 테러 용의자들은 모두 주님께 그들의 삶을 바치게 되었다. 그날 밤 그 증언을 듣고 기적을 직접 본 경찰관도 그렇게 했다.

그 결과 지하 교회가 탄생했다. 천 년 동안 단 한 명의 신자도 없었던 곳에서 말이다. 교인들 중에는 그들을 때렸던 경찰관과 귀신 들렸던 사람, 여섯 명의 테러리스트, 그리고 그들의 가족들이 포함되어 있었다! 그것이 3년 전의 일이다. 사역 책임자가 최근에 이 지하 교회를 방문했는데, 교회는 번창해서 교인이 40명으로 늘어나 있었다. 그들은 사람들에게 계속 〈예수〉 DVD를 나눠 주며, 교회 개척을 이야기하고 있다!

이 이야기는 원수의 힘과 계획을 능가하는 삼위일체의 연합과 반복되는 용서의 능력을 보여 주는 놀라운 증거다. 승리의 왕이신 우리 예수님께 모든 영광을 돌리자.

여덟 번째, 이 진리가 얼마나 중요한지는 아무리 강조해도 모자라다. 우리는 우리에게 잘못한 모든 사람을 사랑하고 용서할 수 있는 초자연적인 능력을 달라고 하나님께 기도해야 하며, 믿음으로 그 능력을 받아야 한다. 다른 방법으로는 그 일을 할 수가 없다. 그것은 성령의 기적 같은 역사다.

> 우리에게 주신 성령으로 말미암아 하나님의 사랑이 우리 마음에 부은 바 됨이니(롬 5:5).

> 믿음이 없이는 하나님을 기쁘시게 하지 못하나니 하나님께 나아가는 자는 반드시 그가 계신 것과 또한 그가 자기를 찾는 자들에게 상 주시는 이심을 믿어야 할지니라(히 11:6).

하나님은 건성건성 구하는 자들에게 상을 주신다고 말씀하지 않으신다!

아홉 번째, 이제 우리는 우리가 용서해야 하는 사람을 통해 하나님이 우리에게 주신 모든 복으로 말미암아 하나님께 감사드린다. 어쩌면 상대방이 당신에게 너무 심한 잘못을 했거나 감정적으로나 신체적으로 깊은 상처를 주었기에, 감사할 것이 생각나지 않을 수도 있다. 내 평생 들어온 이야기들을 생각할 때 나는 그 상황을 충분히 이해할 수 있다.

그러나 당신이 이 모든 입증된 진리와 함께 지금 이 책을 읽고 있다는 사실만으로도 충분히 감사할 이유가 된다. 그 외에는 다른 이유가 떠오르지 않는다 해도 말이다.

열 번째, 그 사람이 우리에게 잘못했을 때 그들의 마음과 몸과 혼과 영에 어떤 필요가 있었을지 생각해 보라. 그들의 어린 시절에, 또는 그 후의 삶에서 잘못을 저지르게 할 만한 다른 요소들이 있을까? 만일 그렇다면 우리가 그들의 행동을 이해하는 데 도움이 될 것이다. 지금도 그들의 필요가 우리의 필요보다 더 클 가능성이 있다.

열한 번째, 원망을 품지 않는 실제적인 방법은 우리에게 죄를 범한 사람들에게 말과 행동으로 하나님의 사랑을 표현할 기회를 달라고 기도하는 것이다. 어쩌면 우리는 실제적으로 그들을 도울 수 있을지도 모른다. 우리가 구할 때, 하나님이 무엇을 어떻게 해야 하는지 알려 주실 것이다.

> 누가 이 세상의 재물을 가지고 형제의 궁핍함을 보고도 도와줄 마음을 닫으면 하나님의 사랑이 어찌 그 속에 거하겠느냐 자녀들아 우리가 말과 혀로만 사랑하지 말고 행함과 진실함으로 하자 (요일 3:17-18).

열두 번째, 마지막으로 그들을 위한 중보기도자가 되자. 그들에게 복 주시고, 그들에게 용기와 위로와 강인함을 주시고, 그들의 가장 깊은 필요들을 채워 달라는 사랑의 기도를 하나님께 드리자. 예수님이 누가복음 6장 27-28절에서 가르쳐 주신 것처럼, 진심으로 자주 기도하는 사람이 계속 원망하는 마음에 매여 있을 수는 없다.

우리가 가장 용서하기 어려운 사람은 바로 우리 자신일 경우가 많다. 우리는 실패하고 잘못한 일을 놓고 스스로 강하게 자책한다. 비난하면 죄책감이 사라질 거라고 생각하기 때문이다.

그러나 우리가 이미 정직하게 진심으로 하나님 앞에서 죄를 회개하고 기회가 있을 때마다 하나님이 인도하시는 대로 자신을 낮추어 다른 사람들에게 보상을 해주었다면, 자기 자신을 용서하지 못하는 것은 하나님의 놀라운 은혜와 자비를 모욕하는 것이다. 하나님은 우리의 죄를 잊어버리시고 바다에 던져 버리셨다고 말씀하셨다(미 7:19; 사 43:25).

우리가 할 일은 하나님의 용서를 받은 다음에 우리 자신을 용서하는 것이다. 예수님은 우리가 이웃을 우리 자신처럼 사랑해야 한다고 말씀하셨다. 우리는 하나님이 사랑하시는 것을 사랑하고, 하나님이 미워하시는 것을 미워해야 한다. 하나님은 우리를 사랑하시며, 오직 우리의 죄만 미워하신다. 그러므로 우리는 우리 자신을 사랑하고 우리의 죄를 미워하는 법을 배워야 한다.

우리 안에서 능력으로 역사하시는 성령님께 온전히 의존하여 하나님 말씀의 진리를 우리 삶에 적용하면, 그 진리가 필히 우리를 자유롭게 하여 용서하는 자가 되게 해줄 것이다.

다음 장은 성경에서 발견한 역동적인 행위로, 가장 강력한 팀워크의 예를 보여 준다.

CHAPTER 8

한 나라를 구한 팀워크

이 장에서는 하나님의 말씀, 에스더서에 나오는 에스더와 모르드개의 삶을 중점적으로 다룰 것이다. 그 이야기는 성공한 팀워크의 감동적인 예로서, 우리가 배울 점이 많다.

모르드개와 에스더의 연합

하나님이 우리의 삶과 사역을 다른 사람들과 연결하시는 주된 이유 중 하나는 우리가 팀워크 안에서 하나님의 원칙들을 배우게 하기 위함이다. 많은 경우에 우리는 그 사실을 알지 못하며, 그런 것을 생각도 하지 않는다. 그러나 우리는 이 문제를 생각해 봐야 한다. 특히 팀워크가 정말로 필요한 그리스도의 몸 안에서 이루는 연합과 관련된 경우는 더 그렇다.

이런 사역의 관계는 하나님의 주권적인 목적에 의해 정해진다. 그러한 관계는 결혼 생활 안에도 있고 밖에도 있다. 하나님은 이런 사역들 중 일부는 평생 지속되길 원하신다. 부부관계가 평생 지속되어야 하듯이 말이다. 그러나 때로는 모르드개와 에스더처럼 부부관계가 아닌 때도 있다. 그들의 사역은 평생 지속되도록 계획되었고, 실제로 그랬다.

대부분 하나님이 사역들을 서로 묶으시는 목적이 얼마나 큰지에 따라, 그들이 함께하는 시간도 더 길어질 것이다. 그러나 항상 그런 것은 아니다. 엘리야와 사르밧의 과부는 겨우 3년 반 동안 함께 사역했다. 사무엘상 14장에 나오는 요나단과 그의 무기 드는 소년은 더 짧은 기간을 함께했지만, 역사적인 결과를 남겼다.

모르드개와 에스더의 개인적인 역할과 사역의 성공, 사실상 그들이 살아남은 것 자체는 모두 그들의 팀워크 덕분이었다. 그들 중 누구도 혼자서는 그 일을 해낼 수 없었을 것이다. 하나님이 그렇게 정해 놓으셨다. 다시 말해, 그 두 사람 중 한쪽이 없었다면 그들은 자신들의 운명을 완성할 수 없었을 것이다.

모르드개와 에스더의 삶이 서로의 사명을 이루는 데 영향을 미쳤던 것처럼, 오늘날 하나님은 우리의 삶과 사역을 서로 엮어서 사명을 이루게 하신다. 그리고 이때 적용되는 하나님이 정하신 팀워크의 원칙들은 예나 지금이나 정확히 같다. 그래서 지금 우리가 그들의 삶에 주의를 기울이고 그들로부터 배워야 할 필요가 있는 것이다.

> 스스로 분쟁하는 나라마다 황폐하여질 것이요 스스로 분쟁하는 동네나 집마다 서지 못하리라(마 12:25).

성경말씀 전체를 통틀어, 예수님이 요한복음 17장에서 기도하신 연합을 에스더와 모르드개보다 더 잘 보여 주는 예는 없는 듯하다. 나는 에스더서를 공부하면 할수록 그 책의 주된 목적이 '연합'에 있음을 느낀다. 에스더와 모르드개가 삶을 통해 보여 준 연합은 우리가 그들의 삶을 연구해야 하는 이유가 된다.

우리가 에스더서를 읽어야 하는 또 다른 중요한 이유는, 하나님의 택한 백성인 유대인들이 하나님을 찾으면 하나님이 항상 그들을 보호해 주실 것이며, 하나님이 이끄시는 금식과 중보기도에 능력으로 응답해 주신다는 것이다. 에스더서는 또한 하나님의 말씀에 나오는 진리를 확증해 준다. 즉, 유대인들을 축복하는 자들이 축복을 받게 된다는 것이다.

겸손한 팀워크

이 특별한 커플이 보여 주는 연합의 특징들을 살펴보자. 첫째, 누가 봐도 가장 강한 특징은 바로 겸손이다. 앞에서 강조했듯이 우리는 겸손해야만 서로 연합할 수 있다. 언제 어디서든 그렇다. 우리는 겸손한 만큼만 사랑한다. 이 두 사람은 강인한 성품과 인격을 가진 강한 리더의 본보기로서, 반드시 서로가 필요하다는 것을 알 만큼 겸손한 마음을 가지고 있었다. 하나님이 그분의 영원한 목적을 이루시기 위해 주권적으로 그들의 삶과 사역을 서로 연결해 놓으셨기 때문이다.

인간의 관점에서 볼 때 그들은 한 나라를 세우는 데 중요한 역할을 할 만한 사람들이 아니었다. 모르드개는 유대인에다 베냐민 지파의 망명자였다. 에스더는 모르드개가 입양한, 부모를 여읜 사촌이었다. 이는 매우 특이한 결합이다. 하지만 예수님의 어머니 마리아가 굉장히 특이한 말을 들었을 때 "말씀대로 내게 이루어지이다"(눅 1:38)라고 말했던 것처럼, 이 두 사람도 같은 마음가짐을 갖고 있었다. "하나님의 도(와 그의 선택)는 완전하고"(시 18:30). 교만은 하나님이 우리와 짝지어 주신 사람 앞에서 하나님의 선택에 이의를 제기한다. 그러나 겸손은 그것을 받아들이고 기쁨과 감사함으로 그 목적들을 이룬다.

연합의 또 다른 특징은 상호 의존이다. 가장 혹독한 시험 가운데서 모르드개와 에스더가 서로를 향해 독립적인 마음을 품었다는 흔적은 어디에서도 찾아볼 수 없다. 에스더는 성인이 되어서도 모르드개를 향한 겸손한 마음가짐을 버리지 않았다. 하나님이 에스더의 새 부모이자 나중엔 선배 동역자가 될 모르드개를 통해 에스더에게 많은 것을 가르쳐 주셨고, 앞으로도 가르쳐 주실 것임을 에스더가 잘 알고 있었기 때문이다. 하나님은 육적인 부모와 영적인 부모와의 관계 속에서 이러한 겸손한 태도를 가질 것을 권장하신다.

> 내 아들아 네 아비의 명령을 지키며 네 어미의 법을 떠나지 말고 그것을 항상 네 마음에 새기며 네 목에 매라(잠 6:20-21).

> 너를 낳은 아비에게 청종하고 네 늙은 어미를 경히 여기지 말지니라(잠 23:22).

모르드개 역시 겸손했다. 모르드개는 자기가 몇 년 동안 훈련해 온 한 여자를 통해 때때로 '하나님의 말씀'을 받아야 한다는 것을 알았다. 그 사실은 "모르드개가 가서 에스더가 명령한 대로 다 행하니라"(에 4:17)는 구절을 보면 알 수 있다. 나는 오늘날 그 시험을 통과할 사람이 얼마나 될지 궁금하다. 모르드개는 틀림없이 그런 시험을 통과했고, 그래서 이 사람의 삶을 우리가 주목하고 자세히 관찰할 필요가 있는 것이다.

에스더서의 내용을 바탕으로 만든 영화들도 있다. 그 영화들의 초점은 주로 에스더에게 맞춰져 있다. 그러나 그에 못지않게 주목할 만한 인물 모르드개가 없었다면, 에스더는 거룩한 일을 행할 수 없었을뿐더러 자신의 운명도 완성하지 못했을 것이다. 우리는 모르드개에게서 배울 것이 많다.

서로 의존하는 팀워크

그들의 상호 의존성은 테니스나 탁구 경기와 비슷하다. 두 선수는 같이 참여해야 하며, 공이 테이블이나 코트 한쪽에서 다른 쪽으로 계속 움직여야 한다. 이제 하나님이 사역의 관계 속에서 연합을 어떻게 행하시는지 보자. 하나님은 서로 연결한 두 사역자의 영에 의해 움직이시며, 하나님의 비전과 책임과 전략들을 각 선수에게 똑같이 부여하셔서 둘 사이에서 공이 왔다 갔다 하게 하신다.

모든 선수는 하나님의 자극에 순종해야 한다. 그것이 규칙이며, 성령의 자극을 따라 행하는 것이다. 그러나 우리는 점수에 신경 쓰지 말아야 한다. 그것은 하나님이 하실 일이다. 모르드개와 에스더 역시 점수에 관심을 두지 않았다. 그저 하나님을 두려워하는 마음으로 하나님께 순종하고, 또 서로 순종했을 뿐이다.

나는 내 삶에서도 어떻게 하면 이런 일이 이루어질 수 있을지 생각했다. 그리고 당신에게 말해 줄 가장 좋은 예를 찾았다. 바로 나의 소중한 남편 짐과 한 팀을 이루어 다양한 세계관을 가진 사람들에게 개인 전도를 했던 숱한 경험들이다. 그들은 이런 질문들을 던진다.

"왜 하나님은 우주를 창조하셨나요?"

"왜 하나님은 악을 없애 버리지 않으시나요?"

"왜 하나님은 사탄을 멸하지 않으시는 거죠?"

짐과 나는 LA의 베벌리 힐스에 있는 한 억만장자의 집에 간 적이 있다. 그 집주인은 그리스도인이었는데, 우리 부부와 함께 세계 일류의 신경외과 의사를 자신의 집으로 초대했다. 그 의사는 그리스도인이 아니었고, 집주인이 주님께 인도하려고 애쓰는 중이었다.

집주인은 그 의사가 매우 날카로운 질문을 많이 할 거라는 걸 알고는 우리를 부른 것이었다. 실제로도 그랬다. 그 의사는 우리의 기독교 신앙에 관하여 아주 재빠르게 여러 가지 질문을 쏟아냈다. 그 의사는 예수님이 하나님의 아들이라는 것과 자신이 지은 죄를 하나님 앞에서 책임져야 한다는 것을 받아들이지 못했다. 그 명석한 사람은 점점 날카로운 질문들로 우리를 채근했고, 나는 거기 앉아서 즐기고 있었다. 그리고 감탄했다.

그의 질문에 대한 답들이 종소리처럼 분명하게 들릴 때가 있었다. 나는 그 답들을 조금도 의심하지 않았고, 확신과 권위에 차서 전했다. 그 사람도 내가 전하는 이야기가 진리라는 것을 알았다. 그러다 다시 그가 질문을 하면 나는 머릿속이 텅 비었다. 어떻게 대답해야 할지 감이 안 잡혔다. 그러면 즉시 성령께서 짐에게 완벽한 답을 알려 주셨고, 그가 똑같이 권위 있게 대답했다. 하나님은 우리 둘 사이에서 탁구와 테니스를 치고 계셨다. 누가 대답을 하는지는 짐과 나에게 전혀 중요하지 않았다. 우리는 둘 다 성령께 복종하고, 서로 의지하고 있었다. 우리는 다만 그 의사가 진리를 알게 되기를 바랐을 뿐이다!

우리는 모든 상황에서, 이를테면 올림픽 경기에서 운동선수들이 시합을 하거나 세계 여러 나라에서 많은 사람이 함께 팀을 이루어 복음을 전할 때 똑같은 원리가 작동하는 것을 본다. 우리는 둘 다 성령님께 복종했고, 팀의 동역자로서 우리가 서로 믿고 의존하고 있다는 확신이 있었다. 그것은 매우 신 나고 성취감을 주는 일이었다.

계속해서 에스더와 모르드개의 이야기를 좀 더 살펴보자. 하나님이 에스더를 높은 자리에 앉히시고 에스더 위에 또 다른 권위자인 왕을 남편으로 주셨을 때도 에스더는 여전히 하나님이 처음에 주셨던 영적 권위자였던 모르드개에게 복종했다. 그 사실을 "에스더는 모르드개가 명령한 대로 그 종족과 민족을 말하지 아니하니 그가 모르드개의 명령을 양육받을 때와 같이 따름이더라"(에 2:20)는 구절에서 알 수 있다. 우리는 우리 권위자들의 범주를 인식하고, 항상 그 안에서 행동해야 한다. 내 이야기를 한 가지 전해 주겠다.

짐과 함께 교회나 콘퍼런스에 가 있는 상황에서 내가 말씀을 전하게 될 때면, 나는 자동으로 세 명의 권위자 아래 있게 된다. 그 권위자는 제일 먼저 하나님이시다. 나는 심판석에서 다른 누구도 아닌 하나님께 대답하게 될 것이다. 나는 하나님께 가장 많은 책임이 있다. 그다음에 내 남편이자 우리 가정의 영적 머리인 짐에게 책임을 져야 한다. 그러고 나서 나를 설교자로 세운 사람들의 권위에 복종하고 그들에게 책임을 져야 한다.

당신은 이렇게 말할지도 모른다. "그런데 전 미혼이고 남편이 없는데요." 그렇다면 하나님이 아마 여러 장소와 시간에 사람들을 배치하셔서, 당신의 삶 속에 사랑스러운 영적 권위자를 세워 주실 것이다. 당신이 친구들과 소통하고 소속될 장소를 달라고 하나님께 기도를 드린다면 말이다. 그저 성령의 자극에 순종하라. 모든 상황에서 하나님이 당신을 영적으로 보호해 주실 것이다.

이제 모르드개를 보자. 모르드개는 자신과 에스더의 관계를 무시한 채 자신의 역할과 사역을 완수하려 하지 않았다. 이미 에스더가 궁전에서 미인선발대회를 위해 준비하는 중일 때 모르드개는 집에 있지 않았다. 우리는 대궐 문 앞에 앉아 있는 모르드개를 발견할 수 있다. 그는 하나님이 주신 동역자와 가까이 있기 위해서 그렇게 했다. 또 모르드개가 거기에 있을 때 하나님이 그에게 승진의 발판을 마련해 주셨다. 2장 21-23절에서 그 사실을 알 수 있다. "모르드개가 대궐 문에 앉았을 때에 문을 지키던 왕의 내시 빅단과 데레스 두 사람이 원한을 품고 아하수에로 왕을 암살하려는 음모를 꾸미는 것을 모르드개가 알고 왕후 에스더에게 알리니 에스더가 모르드개의 이름으로 왕에게 아뢴지라 조사하여 실증을 얻었으므로 두 사람을 나무에 달고 그 일을 왕 앞에서 궁중 일기에 기록하니라."

22절에서 모르드개는 왕의 생명을 위협하는 은밀한 음모를 알아냈다. 하지만 그는 독립적으로 행동하여 직접 왕을 직접 뵈려고 하지 않았다. 모르드개는 '그래, 이 일을 통해 나는 왕의 신임을 얻을 수 있을 거야. 내가 할 수 있는 방법을 다 동원해 왕에게 이 사실을 알리고, 내가 왕의 목숨을 구할 사람이라는 걸 알려야지!'라고 생각했을 수도 있다. 하지만 모르드개는 그렇게 하지 않았다. 그는 에스더가 왕께 나아갈 수 있으며, 자신은 그렇지 않다는 것을 인정했다. 그리고 하나님이 에스더에게 주신 영향력 있는 자리와 특별한 관계를 이용하여, 사람들이 계획 중인 반역죄를 왕에게 알리려 했다.

모르드개의 이러한 행동은 매우 중요하다. 이번에는 모르드개가 에스더에게 순종했다. 공이 한쪽 코트에서 다른 쪽으로 옮겨가는 것을 보라. 모르드개와 에스더는 여전히 하나님의 소명 안에서 성령님께 복종했고, 성령님의 자극에 순종했으며, 상호 의존적인 관계에 있었다. 에스더는 모르드개에게 순종하여 "모르드개의 이름으로"(에 2:22) 왕에게 메시지를 전했다. 23절에 보면 "그 일을 왕 앞에서 궁중 일기에 기록하니라"고 쓰여 있다.

하나님은 우리에게 무슨 말씀을 하고 계신가? 하나님은 보이지 않는 곳에서 이루어진 모든 사역을 완벽하게 기록해 두신다. 보이지 않는 곳에서 사람들은 중요한 역할을 했고, 때로는 우리의 모든 사역과 관련하여 결정적인 역할을 했다. 사람은 그것을 기록해 두지 않을지라도 하나님은 기록해 두신다. 그리고 언젠가는 모든 것이 알려질 것이다.

누가복음 12장 2절은 "감추인 것이 드러나지 않을 것이 없고 숨긴 것이 알려지지 않을 것이 없나니"라고 말한다. 지금 우리 삶에서 하나님께 감추는 것이 적을수록 나중에 심판대 앞에 섰을 때 부끄러움을 덜 당할 것이다.

에스더와 모르드개의 팀워크는 왕의 목숨을 살렸고, 왕의 원수들을 파멸로 이끌었다. 하나님은 여기에서 우리에게 무엇을 말씀하고 계신가? 우리가 최대한 겸손하고 정직하게 행할 때 하나님 나라는 항상 발전할 것이며 사탄의 세력은 파멸할 것이다.

경쟁 대신 인정과 존중을 하는 팀워크

나는 늘 기회가 있을 때마다 나의 훌륭한 아버지와 어머니를 자랑하고 싶다. 내 부모님은 분명히 내 삶의 목표를 이루는 일에서 나에게 가장 큰 영향력을 미치셨다. 천국에 계신 이 경건한 부부에게 영광을 돌릴 수 있어 참 기쁘다. 그분들은 참으로 훌륭한 부모님이시다!

그리고 나는 나의 소중한 남편, 짐에게도 감사한다. 남편이 없었다면 그동안 내가 예수님의 주권에 복종하며 성령님의 능력 안에서 해온 그 모든 일을 절대로 할 수 없었을 것이다. 후반기에는 짐의 사역은 대부분 보이지 않는 곳에서 이루어졌다. 나는 항상 짐이 필요했다. 또 짐의 조언이 절실히 필요했다. 짐은 내게 신실하고 훌륭한 파트너다. 나의 기도 파트너이자 가장 좋은 친구, 예배를 사랑하고 하나님의 말씀을 사랑하는 사람이다. 또한 훌륭한 아버지이며 할아버지이자 증조할아버지다.

이제 에스더와 모르드개의 교훈으로 다시 돌아가 보자.

이들은 상대방의 거룩한 소명과 사역의 역할을 인정하고 깊이 존중했다. 그리고 어떻게 서로 완성할 수 있는지 알았다. 서로 경쟁하는 것이 올바르지 않다는 것도 알았다.

로마서 12장 9-10절은 이렇게 말한다.

> 사랑에는 거짓이 없나니 악을 미워하고 선에 속하라 형제를 사랑하여 서로 우애하고 존경하기를 서로 먼저 하며.

에스더와 모르드개는 그 진리의 전형적인 예를 보여 주었다. 그들은 경쟁과 시샘은 전혀 하지 않았다. 이럴 때 팀워크가 정말로 신 나고 흥미진진해지며 성취감을 주고 큰 성과를 거둔다!

나는 공적인 사역에서의 협력을 생각하면 로렌 커닝햄이 떠오른다. 우리는 몇십 년 동안 다른 YWAM 간사나 국제 설교자들과 함께 세계를 돌아다니며 영적 리더십 콘퍼런스에서 말씀을 전했다. 캄보디아와 태국, 홍콩의 난민 수용소에서 사역하기도 했다. 우리는 함께 YWAM에 속한 사람들과 그렇지 않은 수백 명의 사람들 사이에서 중요한 운동들을 이끌었다. 수많은 나라에서 성령님은 우리의 가르침을 적용해야 한다는 것을 보여 주셨고, 여러 나라를 위해 중보기도를 하게 하셨다.

하나님의 영이 특별히 로렌에게 임하시면 로렌은 그 그룹을 어떻게 인도하여 함께 기도하는 다음 단계로 나아갈 수 있을지 정확히 알았다. 그러면 나는 어디서 멈추어 성령의 다음 운동으로 나아가야 할지 알았다. 그렇게 되면 상의하지 않아도 하나님의 방법대로 일이 진행되었다. 에스더와 모르드개의 삶에서 볼 수 있는 팀워크가 바로 이런 것이다. 그 안에는 경쟁 대신 신뢰와 사랑이 있다.

콜로라도 덴버에서 있었던 일이다. 어느 주일 저녁, 찰스 블레어(Charles Blair) 박사의 교회에서였다. 로렌이 말씀을 전했고 나는 맨 앞줄에 앉아 있었다. 그 주간에 우리와 함께 지내며 영적 리더십 콘퍼런스에서 말씀을 전했던 팀원들도 함께 있었다. 로렌은 용서를 주제로 말하고 있었다. 로렌은 약 25분 정도 설교를 하다가 갑자기 멈추고 나를 내려다보며 이렇게 말했다. "조이, 당신은 몇 가지 강력한 요점으로 사람들이 용서를 이해하도록 도와주었지요. 지금 올라와서 그걸 말해 주지 않을래요?" 나는 그렇게 했고, 12분을 앉아 있다가 다시 말씀을 전했다. 우리는 계속 그런 식으로 진행해 갔다. 서로 협력하여 사람들을 가르친 것이다!

시험을 받는 팀워크

다음으로 에스더와 모르드개를 살펴볼 내용은 그들의 연합이 가혹한 시험을 받았다는 것이다. 우리가 함께하는 시간이 길고, 또 함께 팀을 이루는 목적이 클수록 시험도 더 커질 것이다. 물론 결혼 생활이 가장 큰 시험을 받게 된다.

원수 하만의 주된 공격은 그들 자신을 포함하여 수천 명의 유대인을 죽이려는 것이었다. 에스더서 3장은 그것을 이야기하고 있다. 이 주된 공격을 통해 모르드개와 에스더의 팀워크는 새로운 방식의 시험을 받았다. 우리는 항상 하나님께 공격의 목적을 물어야 한다. 어느 관계에서나 원수의 공격이 계속된다면 하나님이 그 원인을 알려 주실 때까지 계속해서 하나님을 찾아야 한다. 성경도 이렇게 말한다.

> 사람의 행위가 여호와를 기쁘시게 하면 그 사람의 원수라도 그와 더불어 화목하게 하시느니라(잠 16:7).

팀워크 안에서 우리의 동기가 시험을 받을 수 있다. 나는 사람들 앞에 드러나지 않는 일을 하는 반면에 나의 동역자는 공적인 사역을 하고 있을 때 그렇다. 그러나 모르드개는 분명히 그 시험을 통과했다. 그는 에스더서의 5장까지 모습을 드러내지 않았다. 오랜 기간 묻혀 있었다! 그러나 모르드개는 그런 일은 조금도 개의치 않아 했다.

또 공적인 사역을 할 때에도 시험이 있다. 이 시험은 사람들에게 드러나지 않을 때는 겪지 않는 일이다. 공적인 사역을 하는 사람들에게는 책임이 더 커진다. 그 시험은 우리가 하나님을 두려워하여 하나님의 뜻에 따라 그 책임을 수행하는지 보려는 것이다. 그 시험에서 통과하려면, 우리가 하는 일을 놓고서 더 오랜 시간 하나님을 찾아야 한다. 그 시험을 통과해야만 사람을 두려워하는 것에서 완전히 해방될 수 있다.

하나님은 우리가 사람들 앞에 서서 리더의 역할을 할 때 피할 수 없는 비판들에 어떻게 대처하는지 보기 위해 우리를 시험하신다. 모르드개는 모든 시험을 통과했다. 그는 자기의 행동이 하만을 격분하게 할 것을 알면서도 그에게 경의를 표하지 않았다. 하나님이 하만의 조작을 통해 유대인들이 정죄받게 된다는 사실을 모르드개에게 처음 알려 주셨을 때 그는 어떻게 했는가? 그는 무명 생활에서 나와, 하나님의 백성이 금식하며 애도하도록 공적으로 이끌었다. 이 사람에게는 배울 것이 참 많다!

이번에는 에스더가 책임지고 모르드개의 고통의 원인이 무엇인지 알아냈다. 에스더는 "이제 나는 궁전에 있으니 모르드개의 문제에 더는 신경을 쓸 수 없어"라고 말하지 않았다. 절대로 그렇게 하지 않았다! 에스더는 진심으로 사촌에게 무슨 일이 있는지 알고 싶어 했다.

소통하는 팀워크

이 팀은 우리 안에 교제가 없으면 진정한 사역이 있을 수 없다는 것을 가르쳐 준다. 교제에는 의사소통이 필요하다. 많은 경우, 불화의 원인은 의사소통이 부족하거나 원활하지 않은 데서 비롯되기 때문이다.

> 그러므로 그리스도 안에 무슨 권면이나 사랑의 무슨 위로나 성령의 무슨 교제나 긍휼이나 자비가 있거든 마음을 같이하여 같은 사랑을 가지고 뜻을 합하며 한마음을 품어(빌 2:1-2).

이 말씀을 주의 깊게 살필수록 우리는 분명한 의사소통이 필요하다는 사실을 깨닫게 된다.

에스더와 모르드개는 그리스도를 경외함으로 피차 복종하는 법을 배웠다(엡 5:21). 이 얼마나 중요한 말씀인가! 이 말씀은 에스더서 4장에서 에스더와 모르드개가 압력을 받는 힘든 상황에서 서로 직접적인 커뮤니케이션을 주고받아 시험을 멋지게 통과했을 때 생생하게 증명되었다. 그 부분을 살펴보자.

모르드개는 유대인을 전멸시키는 왕의 계획을 에스더에게 말했고, 그와 더불어 에스더가 왕께 나아가 그들을 위해 간청해 달라는 강한 지시를 내렸다. 미적거릴 틈이 없었다! 유대인의 목숨이 걸린 일이었다. 이제 극심한 압박감을 느낀 에스더가 (공이 한쪽 코트에서 다른 쪽 코트로 옮겨 가는 것을 보라) 모르드개에게 자신의 곤경을 이야기하며, 4장 11절에서 "부름을 받지 아니하고 안뜰에 들어가서 왕에게 나가면 오직 죽이는 법이요"라고 말한다. 이보다 더 직접적인 커뮤니케이션이 있겠는가?

이어서 그 유명한 모르드개의 권위적인 대답이 나온다. "너는 왕궁에 있으니 모든 유다인 중에 홀로 목숨을 건지리라 생각하지 말라 이때에 네가 만일 잠잠하여 말이 없으면 유다인은 다른 데로 말미암아 놓임과 구원을 얻으려니와 너와 네 아버지 집은 멸망하리라 네가 왕후의 자리를 얻은 것이 이때를 위함이 아닌지 누가 알겠느냐"(13-14절). 이에 에스더는 16절에서 그에 못지않게 유명한 권위적인 말로 대답을 한다. 나는 그 말씀을 사랑한다. 그 말씀을 풀어서 쓰자면, 다음과 같다.

"당신은 유대인을 많이 모아 나를 위해 금식하고 기도하게 해 주세요. 나도 시녀들과 함께 그렇게 하겠습니다. 그런 다음 규례를 어기고 왕께 나아가겠습니다. 그리고 당신이 말한 것처럼, 내가 그 일로 죽더라도 꼭 그 일을 하겠습니다."

그다음 17절에는 "모르드개가 가서 에스더가 명령한 대로 다 행하니라"고 쓰여 있다.

강력한 지령들이 오갔다. 그들이 하나님을 두려워하며 서로 복종할 때 성령님이 그들에게 대답할 말을 주셨다. 얼마나 근사한 일인가!

조언과 명령, 권면을 하는 팀워크

하나님이 팀으로 묶어 주신 사람들에게 조언과 명령과 권면을 받으려면 겸손한 마음이 필요하다. 내가 여기에 명령을 포함시킨 이유는, 지금 이에 대한 한 예가 떠오르기 때문이다. 그것은 실제 내 삶에 있었던 일이다. 내가 그 일을 예로 드는 이유는, 이 진리의 이야기가 이론에 불과하지 않다는 것을 알려 주기 위해서다. 그 진리는 하나님을 경외하는 마음 가운데 성령의 능력 안에서 삶으로 깨달은 것이다.

내가 일주일 내내 하와이 코나에 있는 YWAM 열방대학 캠퍼스에서 열리는 영적 리더십 콘퍼런스에서 강연을 했을 때의 일이다. 그날은 목요일이었는데, 저녁에 여러 학교 학생들과 간사들, 학교 교사들까지 모여 공동 회의를 하기로 했다. 캠퍼스에는 외부 방문객들도 있었다. 그 주에 초빙된 외부 강사 중 한 명이 강연을 할 예정이었고, 나는 그 일의 책임자로서 말씀을 전할 예정이었다. 목요일 아침에 눈을 뜬 순간부터 저녁이 될 때까지 종일 나는 하나님의 얼굴을 구하며, 전체 공동체에 전해야 할 '하나님의 말씀'이 무엇인지 알고자 했다. 침실 밖에도 나가지 않았다. 그러나 하나님은 아무런 응답도 주지 않으셨다.

나는 조용히 하나님의 말씀을 읽고 다른 사람들을 위해 중보하며 귀를 기울였다. 또 원수를 대적하며 영적 싸움을 하고, 하나님께 감사와 찬양을 드리며 예배를 드렸다. 달리 뭘 해야 좋을지 몰랐다. 마침내 오후 6시가 가까워져 왔고, 나는 여전히 '곧 응답이 오겠지' 하고 생각했다. 하지만 응답은 없었다.

결국 나는 우리의 리더인 로렌 커닝햄에게 할 이야기가 있다는 메시지를 보냈다. "종일 열심히 하나님을 찾았으나 오늘 밤 뭘 전해야 하는지 모르겠어요. 제가 할 수 있는 일은 '저를 위해 기도해 주실래요?'라고 말하는 것밖에 없네요. 어쩌면 바로 그때 깨달음이 올 수 있을 것 같아요. 과거에도 그런 적이 있었으니까요." 로렌은 나를 위해 진심으로 기도해 주었고, 우리 둘 다 침묵하며 기다리는 동안 설교 제목이 떠오르기를 기대했다. 그러나 아무것도 떠오르지 않았다.

그래서 로렌이 책임을 떠안았다. 더는 내가 할 수 있는 일이 없었기 때문에 공이 완전히 그의 코트로 넘어간 것이다. 나는 성령님이 구체적으로 말씀해 주신 것 외에는 절대로 전하지 않았고, 로렌도 그 사실을 잘 안다. 그래서 로렌은 진심으로 하나님을 찾으며 자기가 무엇을 해야 하는지 보여 달라고 주께 간구했다. 어쩌면 로렌이 말씀을 전해야 했을까? 아니면 다른 사람이? 그때 나의 역할은 그를 위해 중보하는 것뿐이었다.

이제 모임이 시작되었다. 예배가 시작되었고 우리는 여전히 뭘 해야 할지 몰랐다. 로렌은 계속해서 열심히 하나님을 찾았다. 로렌은 체격이 크고 나는 작다. 마침내 로렌이 나의 작은 체구를 내려다보며 내게 이렇게 지시를 내렸다. "당신은 복음을 전해야 합니다." 나는 그 즉시 이 지시가 성령님의 증언임을 느꼈다. 나는 준비할 시간이 없었고, 어떻게 복음을 소개할지 몰랐다. 하지만 그것이 팀워크를 시험하는 것임을 알았다. 그래서 "네! 그렇게 하겠습니다" 하고 대답했다.

예배가 계속되는 동안 나는 내 마음을 하나님께 올려 드리며 말했다. "제가 어떻게 해야 할까요?" 그때 내가 잘 알고 있는 예레미야 9장 23-24절 말씀이 마음속에 떠올랐다.

> 여호와께서 이와 같이 말씀하시되 지혜로운 자는 그의 지혜를 자랑하지 말라 용사는 그의 용맹을 자랑하지 말라 부자는 그의 부함을 자랑하지 말라 자랑하는 자는 이것으로 자랑할지니 곧 명철하여 나를 아는 것과 나 여호와는 사랑과 정의와 공의를 땅에 행하는 자인 줄 깨닫는 것이라 나는 이 일을 기뻐하노라 여호와의 말씀이니라.

그때 성령님이 말씀하셨다. "나의 성품에 근거하여 복음을 전해라. 이 말씀을 가지고 내가 누구인지 설명해라." 그리고 로마서 10장 9-10절 말씀을 떠올리게 해주셨다.

네가 만일 네 입으로 예수를 주로 시인하며 또 하나님께서 그를 죽은 자 가운데서 살리신 것을 네 마음에 믿으면 구원을 받으리라 사람이 마음으로 믿어 의에 이르고 입으로 시인하여 구원에 이르느니라.

나에게는 긴급한 전보 기도밖에 드릴 시간이 없었다. 내가 말씀을 전할 거라고 발표되는 순간, 나는 하나님 없이 아무것도 할 수 없음을 고백하며 하나님께 기름을 부어 달라고 간구했다.

나는 '물 위를 걸으며' 절대로 실패하지 않으시는 하나님을 의지했다. 나는 예레미야 9장 23-24절을 인용한 후, 하나님의 말씀 전체에서 그 구절보다 더 하나님의 성품을 잘 말해 주는 부분이 없는 것 같다고 말했다. 그리고 말씀에 나오는 하나님의 세 가지 주요 속성을 각각 설명하기 시작했다. 그다음에는 예수님을 우리 삶의 주인으로 삼는 것을 말하고, 우리가 그러기로 했다면 사람들 앞에서 입으로 시인해야 한다고 설명했다. 그 호소의 응답으로, 열네 명의 사람이 생애 처음으로 솔직하고 담대하게 예수님을 자신의 구주로 선언했다.

그 반응은 하나님이 그날 종일과 저녁에 내게 요구하신 모든 것만큼 가치가 있었다. 그리고 하나님은 다시는 내가 그 특별한 시험을 치르지 않게 하셨다.

리더들을 향한 경고

종종 다른 사람이 자신에게 어떤 지시나 경고를 하고 계시를 전하거나 사역의 비전을 이야기할 때면, 방어적인 행동을 취하는 리더들이 있다. 그런 리더들은 자신이 지시를 전달하는 첫 번째 사람이어야 하며 그렇지 않으면 자신의 리더십이 실패했다고 생각하는 것 같다. 이는 매우 슬픈 일이다. 리더들은 특히 사역의 목적과 관련된 모든 비전과 계시를 소유하려 해서는 안 된다는 것을 더 깊이 깨달아야 한다. 누구도 그 모든 것을 가질 수 없다. 하나님은 그것들을 공평하게 분배하셔서, 우리가 서로를 통해 하나님께 의존하게 하신다.

리더들을 향한 또 한 가지 경고는, 다른 사람들을 통해 하나님의 명령을 인지하고 또 그것을 전하고 알려야 한다는 것이다. 역대하 20장 12-20절에서 여호사밧 왕이 이 일을 훌륭하게 해냈다. 여호사밧 왕은 큰 위기를 맞아 무엇을 해야 할지 몰랐으나 하나님을 바라보았다. 그리고 14절에 "여호와의 영이…야하시엘에게 임하셨다"라고 고백했다. 야하시엘은 회중 가운데 있던 레위 사람이었다. 리더가 아니었다.

야하시엘이 하나님의 말씀을 전하자마자 여호사밧은 즉시 그 말씀을 알아듣고 하나님 앞에 머리 숙여 경배했고, 모든 사람에게 여호와를 믿고 그들에게 갈 길을 알려 준 선지자를 믿으라고 권면했다.

바울은 내가 지금 이야기하고 있는 것을 삶으로 보여 준 훌륭한 사역자의 본보기다. 로마서 13장 7절에서 그는 "존경할 자를 존경하라"고 말한다. 로마서 16장은 내가 성경에서 제일 좋아하는 장 중 하나다. 그 이유가 궁금한가? 그 장은 바울이 그 당시 함께 일했던 모든 사람의 명단으로 채워져 있다. 바로 그 이유다. 바울은 그렇게 긴 명단을 나열하며 팀원들을 한 사람씩 칭찬한다. 그것은 그들 각 사람이 없었다면 바울의 사역이 불가능했음을 그가 잘 알고 있었다는 뜻이다. 그러나 요즘에는 하나님이 맡기신 사역을 수행한 리더를 인터뷰할 때 이런 말을 듣기가 참 어렵다.

시험을 통과한 모르드개와 에스더

이제 에스더와 모르드개가 어떻게 오직 하나님의 명령과 때에 따라 움직여야 하는 시험을 통과했는지 살펴보자. 이 두 사람은 서로 의지함으로써 겸손과 하나님을 전적으로 의지하는 것, 하나님을 두려워하는 것 등의 많은 교훈을 우리에게 가르쳐 준다. 5장에서 에스더가 자기 민족을 위해 목숨을 걸었을 때 사람들의 초점이 에스더에게로 옮겨 갔다. 그러나 모르드개는 항상 에스더와 협력하고 있었다. 모르드개는 사람들을 기도와 금식으로 인도하며 보이지 않는 곳에서 열심히 일했다. 이제 에스더는 자신의 어려운 문제를 왕 앞에 가져갈 가장 지혜로운 방법을 찾기 위해 하나님께로부터 직접 청사진을 받아야 했다. 하나님은 에스더가 모르드개와 연락할 수 없는 위기 상황에서 오직 하나님만을 의지할 수 있는지 시험하고 계셨다.

이처럼 하나님 외에는 아무도 없을 때 다음 성경말씀의 진리가 우리에게 생생하게 다가온다.

나의 모든 근원이 네게 있다(시 87:7).

너희도 그 안에서 충만하여졌으니(골 2:10).

우리는 하나님께 우리 자신을 맡기고, 하나님이 약속하신 대로 우리를 버리지 않으시리라는 것을 알아야 한다. "내가 네 갈 길을 가르쳐 보이고 너를 주목하여 훈계하리로다"(시 32:8).

또한 하나님은 우리에게 할 일을 알려 주지 않음으로써 우리를 시험하실 수도 있다. 우리가 도움을 청할지 알아보시기 위해서다. 이때는 다른 사람들의 기도를 통해 응답이 올 것이다. 나 역시 살면서 이런 시험을 받아 본 적이 몇 번 있고, 하나님의 은혜로 그 시험을 통과했다.

다시 에스더에게 돌아가자. 에스더는 영적으로 온전한 확신이 들 때까지 왕 앞으로 나아가지 않음으로써 자신이 성령님의 인도하심에 민감하다는 것을 입증해 보였다. 에스더는 전도서 8장 5-6절 말씀을 이해하고 있었다.

> 명령을 지키는 자는 불행을 알지 못하리라 지혜자의 마음은 때와 판단을 분변하나니 무슨 일에든지 때와 판단이 있으므로.

우리가 우리 삶을 단련하여 상세하게 하나님께 구하지 않거나 영적으로 하나님의 지시에 불순종해서, 또는 하나님의 경고에 주의를 기울이지 않아서 하나님의 목적이 이루어지지 않는 경우가 얼마나 많은가. 그것은 우리에게 심각한 문제를 안겨 줄 수 있다.

모르드개를 보자. 하만의 잘못이 적발되는 과정에서 하만은 모르드개를 극진히 대접하며 성 안의 거리를 지나가야만 했다. 그런데 우리는 이런 대중의 관심과 영예가 모르드개에게 조금도 영향을 미치지 않았다는 것을 알 수 있다. 에스더서 6장 12절에 보면 "모르드개는 다시 (자기 집이 아닌) 대궐 문으로 돌아오고"라고 쓰여 있다. 왜 그는 대궐 문밖에 앉아 있던 것일까? 에스더가 그 문 안에, 바로 왕의 궁전에 있었기 때문이다. 모르드개는 자신이 아무리 유명해졌어도 여전히 에스더와 최대한 가까이 있어야 한다는 것을 알았다.

7장을 보면, 초점이 다시 극적으로 에스더에게로 옮아간다. 에스더가 단호하게 자기 나라를 위해 왕께 간청을 드리고 대담하게 원수 하만의 잘못을 밝혔기 때문이다. 그 결과 8장 1절에서 에스더는 왕에게 하만의 집을 하사받고 보상도 받았다. 그러나 하나님이 알고 계신 것을 에스더도 알고 있었다. 즉, 원수 하만의 패배는 팀워크의 결과였다는 것이다. 그래서 에스더는 왕 앞에서 모르드개를 높이고 자기가 모르드개에게 어떤 도움을 받았는지 이야기했다. 이것이 바로 아름다운 겸손의 모습이다. 정말로 경이로운 팀이 아닌가!

리더십의 특권이 클수록 대가 역시 크다. 하나님이 이 두 사람에게 요구하신 것도 그런 것이었다. 그들 둘 다 하나님을 두려워하고, 사람을 두려워하지 않았다. 또 그들은 목숨을 걸고라도 하나님의 명령에 순종했다. 둘 다 백성을 이끌기 위해 큰 대가를 치렀다. 그들은 각자의 사역을 통해 백성을 이끌었다. 이 책의 5장에서 이야기한 것처럼 초대교회도 이런 식으로 사역했다.

연합의 목적, 복음 전도

에스더와 모르드개의 사명은 원수가 파멸하려고 계획한 생명을 구하는 것이었다. 우리의 가장 큰 목표와 가장 깊은 연합의 핵심은 항상 그리스도의 몸이 강해져서, 잃어버린 자들이 구원받는 것을 보는 것이어야 한다.

사도 바울은 그의 삶을 통해 이것을 아주 잘 보여 주었다. 다음 말씀을 보자.

> 우리가 그를 전파하여 각 사람을 권하고 모든 지혜로 각 사람을 가르침은 각 사람을 그리스도 안에서 완전한 자로 세우려 함이니 이를 위하여 나도 내 속에서 능력으로 역사하시는 이의 역사를 따라 힘을 다하여 수고하노라(골 1:28-29).

바울은 그리스도의 몸을 완전히 성숙하게 하는 것을 쓰고 있다. 바울은 이와 동일한 마음으로 "만일 복음을 전하지 아니하면 내게 화가 있을 것이로다"(고전 9:16)라고 말하기도 했다.

이 장을 쓰려고 부지런히 준비하고 있을 때, 성령님은 복음 전도를 강조하라고 내게 강하게 명령하셨다. 예수님이 그분의 삶에서 복음 전도를 얼마나 중요시하셨는지 보자. 예수님은 "이를 위하여 세상에 왔나니 곧 진리에 대하여 증언하려 함이로라"(요 18:37)고 말씀하셨다. 당연히 우리의 목적도 이와 같아야 한다. 예수님이 길이요 진리요 생명이심을 다른 사람들에게 증거해야 한다. 예수님은 "나를 따라오라 내가 너희를 사람을 낚는 어부가 되게 하리라"(마 4:19)고 말씀하셨다.

우리가 살면서 다른 사람들에게 복음을 증거하고 있지 않다면 그리스도를 온전히 따르고 있는 것이 아니다. 마지막으로 당신의 믿음을 증거한 때가 언제인가? 마지막으로 한 영혼을 그리스도께 인도한 때가 언제인가? 복음을 전하는 것이 당신 삶의 양식은 고사하고 삶의 일부분이라도 되는가?

> 오직 성령이 너희에게 임하시면 너희가 권능을 받고 예루살렘과 온 유대와 사마리아와 땅 끝까지 이르러 내 증인이 되리라(행 1:8).

만일 예수님이 우리의 삶을 변화시키기 위해 하신 일들을 그분을 모르는 자들에게 증거하고 있지 않다면, 우리는 성령의 권능을 입은 주된 목적을 이루지 못하고 있는 것이다. 인간의 본능은 생명을 재생산하는 것이다. 우리가 하나님의 가족으로 거듭나는 것은 성령의 능력 안에서 영혼들을 재생산하기 위함이다. 잃어버린 자들에 대한 무거운 마음으로 그들을 위해 중보하며, 그들에게 복음을 증거하기 위해서다. 그렇지 않으면 우리는 황폐해지고 말 것이다.

우리는 하나님 앞에서 절박해져야 하며, 참혹한 지옥의 실체를 새롭게 보여 달라고 간구해야 한다. 내가 미국에 오기 전에 뉴질랜드에서 즐겨 부르던 노래가 있는데, 그 짧은 가사가 내 삶과 혼과 영에 깊이 각인되었다. 바로 이것이다.

> 잃어버린 죄인들이 오늘 어둠 속에서 죽어가고 있는데
> 그들에게 길을 보여 주려 하는 이가 너무도 적으니,
> 오, 저에게 열정과 비전을 주셔서
> 영혼을 구하는 자가 되게 하소서.
> 성령의 지배 아래
> 아버지여 부디 제게 한 영혼을 주소서.
> 오늘 저를 누군가에게 이끄사
> 영혼을 구하는 자가 되게 하소서.

이 노래는 반복되는 삶에서 내 기도가 되었다. 그래서 성령의 능력으로 영혼을 구하는 삶을 살게 했다.

예수님은 회당에 서서 이렇게 말씀하셨다. "주의 성령이 내게 임하셨으니 이는 가난한 자에게 복음을 전하게 하시려고 내게 기름을 부으시고 나를 보내사 포로 된 자에게 자유를, 눈먼 자에게 다시 보게 함을 전파하며 눌린 자를 자유롭게 하고 주의 은혜의 해를 전파하게 하려 하심이라"(눅 4:18-19).

예수님의 삶과 가르침에 의하면, 잃어버린 영혼을 향한 비전과 부담감이 없는 사역은 완전히 균형을 잃은 것이다. 나는 예수님이 "회당으로 들어와 내가 전하는 진리를 들으라"고 말씀하시는 것을 한 번도 보지 못했다.

예수님의 개인 전도는 거의 사람들이 모이는 시장에서 이루어졌음을 생각해 보라. 그리고 예수님이 우리의 본보기가 되심을 기억하라. 사람을 낚는 어부가 되려면 물고기가 있는 곳으로 가야 한다. 사람들은 시장에 나와 있다. 그것은 곧 우리가 밖으로 나가 복음을 전해야 한다는 뜻이다.

예수님은 제자들을 둘씩 짝지어 도시와 마을로 보내셨고, "가면서 전파하여 말하되 천국이 가까이 왔다 하고 병든 자를 고치며 죽은 자를 살리며 나병환자를 깨끗하게 하며 귀신을 쫓아내되 너희가 거저 받았으니 거저 주라"(마 10:7-8)고 말씀하셨다. 이는 분명히 강력한 복음 전도를 명하는 말씀이다. 사람들 사이에서 그 능력을 나타내지 않는 것은 그들에게 복음을 제대로 전하지 못하는 것이다. 복음 전도의 영향력은 굉장히 크다.

복음 전도는 하나의 행사가 아니라 삶의 양식이 되어야 한다. 먹고 자는 일처럼 자연스러워야 한다. 내가 자라난 집에서는 그랬다. 하나님이 만나게 해주시는 모든 사람에게 믿음을 나누는 부모님의 모습을 보는 것은 매우 평범한 일상이었다.

복음을 전하는 것은 우리의 평범한 일상이 되어야 하며, 또 그럴 수 있다는 것을 한 예로 설명해 보겠다. 나는 외국에서 일주일 내내 리더십 콘퍼런스에서 말씀을 전했다. 그날은 토요일이었다. 짐과 나는 매우 아름다운 도시의 공원을 걸으며 우리가 있는 그 나라를 위해 중보하고 있었다. 그때 우리 앞을 걸어가는 삼사십 대의 한 남성이 보였다. 나는 성령님의 작은 자극을 느꼈다. 바로 그에게 복음을 전해야 한다는 것이었다. 오로지 성령님만 의지한 나는 조용히 "저에게 적절한 말을 주실 것을 감사드립니다"라고 말하며 그 사람에게 다가갔다.

그에게 다가간 나는 미소를 지으며 편안하게 말했다. "실례합니다. 저와 제 남편은 공원을 산책하면서 이 나라를 위해 기도하고 있었어요. 그런데 우리 앞에 있는 당신을 보았을 때 당신에게 다가가 간단한 질문을 해야겠다는 느낌이 들었어요. 이런 질문들 말이에요. 지금 당신의 삶 속에 풀리지 않는 문제들이 있나요? 당신이 짊어진 무거운 짐들 때문에 도움이 필요하신가요? 저는 하나님이 당신의 문제들을 해결해 주실 수 있다고 믿거든요. 제 말이 이해가 가시나요?" 그러자 그가 대답했다. "아, 그래요!" 그때까지 짐은 내 곁에 조용히 서서 하나님이 역사하시기를 기도하고 있었다. "사실은 제가 지금 몸이 아파요. 최근에 실직을 했고, 직장을 다시 구할 수 있을지 모르겠어요. 아파트 임대료를 내야 하는데 돈을 어디서 마련할지 너무 걱정이에요. 너무 외롭고, 그래서 그냥 공원을 걸으며 혼자서 이렇게 말하고 있었어요. '그래, 한참 동안 교회에 가지 않았지. 하나님께 기대를 품지는 말아야지' 하고 말이에요."

두 사람이 함께하는 데 무엇이 더 필요했을까? 그리스도인이 삶의 양식이 된 일을 행하고, 성령의 자극에 순종하여 다른 사람에게 다가갔을 뿐이다. 우리는 말없이 서서 그 사람의 몸이 치유되기를 믿음으로 기도했다. 짐은 주머니에 있던 돈을 꺼내 그에게 주었다. 그러고 나서 나는 그에게 이렇게 말했다. "저는 지난주에 여기서 아주 가까운 교회의 한 콘퍼런스에서 말씀을 전했어요." 교회는 우리가 있던 곳에서 8백 미터도 채 안 되는 거리에 있었다. 나는 그 교회를 손으로 가리켰다. 그 사람은 한 번도 가 본 적은 없지만 그 교회를 알고 있었다. 나는 그곳에 매우 훌륭하고 친절한 그리스도인들이 많다고 말했다. "제가 장담하건대 오늘 우리가 이렇게 만난 건 틀림없이 하나님이 준비하신 일이에요. 당신이 다시 하나님을 당신의 삶 속에 모시고 이번 주일에 저 교회에 가셔서 교역자들에게 당신의 필요를 이야기하면, 그 필요들이 채워지기 시작할 거예요. 하나님께 돌아가시고, 다시 하나님의 백성과 교제를 시작해 보세요." 그도 틀림없이 이 만남이 하나님이 예비하신 일인 것 같다고 말했다. 그리고 자기가 하나님께 돌아가고 있으며 다음 주에 저 교회에 갈 거라고 확신에 차서 말했다. 할렐루야.

내가 전 세계를 다니며 복음을 전한 이야기들 중에는 이보다 훨씬 더 극적인 예들도 많다. 하지만 그중에서 이 이야기를 택한 것은, 우리가 성령님께 순종하고 복음 전도를 삶의 양식으로 삼을 때 다른 사람들에게 증거하는 일이 얼마나 평범하고 자연스럽고 쉬운 일인지를 보여 주기 위해서다.

연합의 비밀, 순종과 겸손

다시 에스더와 모르드개를 보자. 그 모든 일이 일어난 후, 두 사람은 최고의 권위를 가진 왕께 복종했고, 결코 그 권위 밖에서 행동하지 않았으며, 겸손하고 하나님을 두려워하는 태도를 보였다. 이는 매우 중요하다. 그 모든 시험을 통과한 후에 그들은 이렇게 생각할 수도 있었다. '그래, 이제는 우리 마음대로 해야겠어'라고 말이다. 그러나 이 팀은 그렇지 않았다. 그들이 왕께 복종했기 때문에 왕은 그들에게 더 큰 부와 권위를 주었다.

하나님으로부터 오는 더 큰 특권과 권위는 오늘날 하나님이 우리 위에 두신 권위에 복종할 때에만 우리에게 주어진다. 우리보다 권위 있는 자들이 반드시 완벽할 필요는 없다. 아하수에로 왕도 완벽하지 않았을 것이다. 우리는 아하수에로 왕의 삶과 성품을 모르지만, 그는 에스더와 모르드개 위에 있는 권위자였다.

사울은 완벽한 리더와는 거리가 멀었다. 사울은 다윗을 향한 질투로 가득했다. 그러나 다윗은 "나의 기름부은 자를 손대지 말며 나의 선지자들을 해하지 말라"(시 105:15)는 하나님의 경고를 잘 알고 있었다. 이 경고는 매우 심각하게 받아들일 필요가 있다.

"하나님을 경외하는 자는 이 모든 일에서 벗어날 것임이니라"(전 7:18). 우리는 다윗에게서 이런 모습을 보며, 또 에스더와 모르드개에게서도 본다. 에스더는 두 번째 삶과 죽음의 시험을 통과했다. 에스더는 두 번 왕의 부름을 받지 않고 왕에게 나아갔다. 그 후에 왕은 에스더에게 가장 놀라운 말을 해주었다. 에스더는 다시 간청할 수 있었다. 그리고 왕은 에스더가 원하는 것은 무엇이든 들어주겠다고 했다.

오늘날 하나님은 우리에게 뭐라고 말씀하시는가? 우리가 삶 속에서 겸손한 마음을 가지고 하나님을 두려워하며 다른 사역자들과 함께 일할 때, 이 연합의 원칙들을 수행하며 영적으로 죽어있는 나라들과 백성을 위해 중보하며 인생의 후반부를 보낼 준비를 할 때, 하나님이 먼저 우리에게 이렇게 말씀하실 것이다. "오늘 네가 원하는 것을 구하라." 그러면 하나님이 그 일을 행하실 것이다.

마침내 우리는 에스더와 모르드개에게 미래 세대들의 원형이 되는 엄청난 특권이 주어진 것을 보게 된다. 에스더서 9장에서 그들의 사역과 리더십의 역할은 공공연하게 함께 기능을 발휘하며, 부림절을 정해서 현재와 미래 세대들에게 지시를 내린다. 즉, 하나님이 이 두 사역자들을 사용하셔서 한 나라를 파멸에서 구하고 자유로 인도하신 것을 기억하고 즐거워하라는 것이다.

이런 비전을 품고 하나님께 헌신하며 사역 팀에서 서로 헌신할 때, 잃어버린 자들을 찾을 수 있다. 모든 사람이 보는 곳에서 이러한 연합의 본을 보이고 있는가?

예수님은 안전지대를 떠나 삶의 목적을 이루기 위해 가장 큰 대가를 치르셨다. 다음 장에서 우리도 이 목적을 이루기 위해 우리의 안전지대를 떠나라는 권유를 받는다.

CHAPTER 9

전쟁에서 승리하는 팀워크

사무엘상 14장을 보면, 하나님의 손 안에서 놀라운 승리를 거둔 두 젊은이의 이야기가 나온다. 그들 또한 성경적인 연합의 원리들에 따라 행하면 무슨 일이 이루어지는지를 보여 주는 전형적인 본보기다.

하나님의 뜻대로 이루어진 연합을 보라

여기, 요나단과 그의 무기 든 자를 소개한다. 나는 그 무기 든 소년의 이름을 알아내서 그 소년을 칭찬해 주고 싶다. 하지만 성경에 그 소년의 이름은 나와 있지 않다.

요나단은 스가랴 4장 10절에 묘사된 구약성경의 개념에 익숙했을 것이다. "작은 일의 날이라고 멸시하는 자가 누구냐." 요나단은 한 사람이 하나님과 함께하면 이미 다수나 마찬가지라고 믿는 사람이었다. 더구나 그의 무기 드는 소년까지 함께하니 더욱 큰 다수였다!

요나단의 믿음은 "보라 내가 새 일을 행하리니 이제 나타낼 것이라 너희가 그것을 알지 못하겠느냐 반드시 내가 광야에 길을 사막에 강을 내리니"(사 43:19)라는 말씀과도 비슷했다.

그는 하나님이 매우 독창적이며 새로운 일들을 행하는 것을 기뻐하시는 분이며, 능력이 무한하시다고 믿었다.

> 주 여호와여 주께서 큰 능력과 펴신 팔로 천지를 지으셨사오니 주에게는 할 수 없는 일이 없으시니이다(렘 32:17).

또한 요나단은 사탄이 지배해 온 영역에서 승리의 돌파구를 찾으려면, 요나단 자신과 그의 파트너가 그들의 모든 안전지대를 떠나야 한다고 믿었다. 그들은 예측 불가능한 일이 평범한 일이 될 것을 기대하고 준비하고 있어야 한다.

불행히도 하나님의 백성 중에서 대부분 사람이 이런 개념들을 믿지 않거나 성령님이 비전을 주실 때 그에 따라 행동할 준비가 되어 있지 않다. 하나님의 말씀과 교회의 역사가 그것을 입증한다. 그들은 자신의 안전지대 안에 머물기를 더 좋아한다. 하지만 이 선구적인 소수와 하나님은 그렇지 않다!

이제 그들이 어떻게 자신들의 믿음대로 살았는지 살펴보자. "하루는 사울의 아들 요나단이 자기의 무기를 든 소년에게 이르되 우리가 건너편 블레셋 사람들의 부대로 건너가자 하고 그의 아버지에게는 아뢰지 아니하였더라"(1절). 그 이유는 그의 리더가 세속적인 사울 왕이었기 때문이다. 사울 왕은 하나님께 불순종하는 사람이었다. 그래서 지혜로운 요나단은 자신의 비전을 그에게 이야기해 봐야 무시당할 거라는 사실을 알았다.

사무엘상 13장 14절은 하나님이 이미 이스라엘의 리더로서 사울을 버리고 다윗을 임명하셨다고 말한다. 군사 리더였던 사울은 6백 명의 사람들을 거느리고 지휘본부에 앉아 있었지만, 그의 마음속에는 어떠한 전쟁 계획도 없었다. 하나님이 그에게 명령을 내리셨다는 증거가 없었다.

4절을 보자. 여기서 우리는 거대한 기회와 어마어마한 도전이 이 두 젊은이에게 시작되는 것을 볼 수 있다. 이스라엘과 블레셋의 두 군대는 서로 높은 위치를 차지하고 마주했으며, 그 사이에는 매우 깊고 바위가 많은 협곡이 있었다. 요나단과 그의 무기 든 소년에게 주어진 도전은 두 개의 커다랗고 험하고 날카로운 바위였다. 하나는 보세스로, 미끄럽다는 뜻이다. 다른 하나의 이름은 세나이며, 가시가 많다는 뜻이다. 블레셋 사람들은 제정신을 가진 사람이라면 감히 그 바위에 맨손으로 올라가 그들과 싸우려고 시도하지는 않을 거라고 생각했다!

이 미끄럽고 험한 바위들은 복음을 전해야 할 수많은 사람의 삶 속에 있는 사탄의 요새들이다. "자기의 하나님을 아는 백성은 강하여 용맹을 떨치리라"(단 11:32). 하나님과 함께하는 젊고 의욕적인 용사들은 그 바위를 정복해, 교회 역사에 없었던 업적들을 이룰 것이다.

다시 본문으로 돌아가자. 6절은 요나단과 그의 무기 든 소년이 그토록 용감하고 대담하게 행동할 수 있었던 이유를 말해 준다.

> 요나단이 자기의 무기를 든 소년에게 이르되 우리가 이 할례 받지 않은 자들에게로 건너가자 여호와께서 우리를 위하여 일하실까 하노라 여호와의 구원은 사람이 많고 적음에 달리지 아니하였느니라.

굉장히 과감한 믿음의 선언이다. 그들은 오로지 하나님께만 확신을 두었다. 그들은 하나님이 모든 영광을 받으시기 위해 다수가 아닌 소수를 통해 일하기로 계획하셨음을 알고 있었다. 요나단은 하나님이 어떻게 기드온과 그의 3백 명의 용사들을 데리고 미디안과 아말렉과 동방 민족을 물리치셨는지 기억했을 것이다.

사사기 6장 5절은 그들이 "메뚜기 떼 같이 많이 들어오니 그 사람과 낙타가 무수함이라"고 했다. 그 당시 이 작은 팀의 목적은 "이스라엘이 나를 거슬러 스스로 자랑하기를 내 손이 나를 구원하였다"(삿 7:2)고 말하지 못하게 하려는 것이었다. "나는 내 영광을 다른 자에게, 내 찬송을 우상에게 주지 아니하리라"(사 42:8).

말라기 2장 1-2절은 우리가 하나님의 영광을 빼앗았을 때 하나님이 어떻게 반응하시는지를 보여 준다. "너희 제사장들아 이제 너희에게 이같이 명령하노라 만군의 여호와가 이르노라 너희가 만일 듣지 아니하며 마음에 두지 아니하여 내 이름을 영화롭게 하지 아니하면 내가 너희에게 저주를 내려 너희의 복을 저주하리라." 노래 가사 중에 "하나님이 그 안에 계실 때 적은 것이 곧 많은 것입니다"라는 것이 있다. 참으로 맞는 말이다.

역으로, 당신의 계획이 하나님에게서 나온 것이 아니라면, 그것을 잊어버리라.

그다음 그들의 성공의 비결은 7절에서 발견된다. "무기를 든 자가 그에게 이르되 당신의 마음에 있는 대로 다 행하여 앞서 가소서 내가 당신과 마음을 같이 하여 따르리이다."

하나님과 함께하는 이 선구적인 소수집단은 완전한 연합을 이루고 있었다. 서로 같은 비전을 공유함으로써 서로 온전히 신뢰하고 지지해 주며 하나님을 전적으로 의지했다.

8절은 이 팀 안에 독립적으로 움직이는 영이 없었다는 것을 보여 준다. "요나단이 이르되 보라 우리가 그 사람들에게로 건너가서 그들에게 보이리니."

그들의 대담한 시도가 성공을 거둔 또 한 가지 주된 요인은 그들이 더 멀리 나아가기 전에 그것이 하나님의 뜻이며 목적이라는 것을 확신했다는 것이다. 그래서 그들은 기드온이 했던 것처럼 하나님께 물었다. 9-10절을 보라.

> 그들이 만일 우리에게 이르기를 우리가 너희에게로 가기를 기다리라 하면 우리는 우리가 있는 곳에 가만히 서서 그들에게로 올라가지 말 것이요 그들이 만일 말하기를 우리에게로 올라오라 하면 우리가 올라갈 것은 여호와께서 그들을 우리 손에 넘기셨음이니 이것이 우리에게 표징이 되리라.

우리가 마음대로 억측하여 행동하지 않도록 하나님께 확인이나 수정을 요구하면 하나님은 기뻐하신다. 억측은 흔히 볼 수 있는 중대한 죄다. 다윗은 이 죄로 말미암아 자신이 리더로서 큰 대가를 치른 것을 알았다. 그것이 시편 19편 13절에서 "또 주의 종에게 고의로 죄를 짓지 말게 하사 그 죄가 나를 주장하지 못하게 하소서 그리하면 내가 정직하여 큰 죄과에서 벗어나겠나이다"라고 기도한 이유다.

시편 81편 11-14절에 나오는 하나님의 마음이 외치는 소리를 들어 보자. "내 백성이 내 소리를 듣지 아니하며 이스라엘이 나를 원하지 아니하였도다 그러므로 내가 그의 마음을 완악한 대로 버려두어 그의 임의대로 행하게 하였도다 내 백성아 내 말을 들으라 이스라엘아 내 도를 따르라 그리하면 내가 속히 그들의 원수를 누르고 내 손을 돌려 그들의 대적들을 치리니."

사람들이 하나님의 지시를 들을 때까지 기다리지 못해서 하나님의 목적이 무산된 적이 얼마나 많은가.

사무엘상 14장 11절은 "둘이 다 블레셋 사람들에게 보이매"라고 말한다. 이 팀에는 독립적인 행동이 없었다. 우리는 연합하는 만큼 강하다.

스스로 분쟁하는 동네나 집마다 서지 못하리라(마 12:25).

우리는 사랑하는 만큼 연합한다.

마음을 같이하여 같은 사랑을 가지고 뜻을 합하며 한마음을 품어 (빌 2:2).

우리는 겸손한 만큼 사랑한다.

모든 겸손과 온유로 하고 오래 참음으로 사랑 가운데서 서로 용납하고 평안의 매는 줄로 성령이 하나 되게 하신 것을 힘써 지키라 (엡 4:2-3).

11절은 계속해서 이렇게 말한다. "블레셋 사람이 이르되 보라 히브리 사람이 그들이 숨었던 구멍에서 나온다 하고." 그 부대 사람들은 요나단과 그의 무기를 든 자에게 "우리에게로 올라오라 너희에게 보여 줄 것이 있느니라"고 말했다. 하나님이 그 선구적인 소수를 이끌고 계신다는 증거가 바로 "우리에게로 올라오라"는 원수의 말로 확인되었다.

요나단은 대담한 권위로 그의 파트너에게 말했다. 이는 요나단의 겸손과 요나단과 그의 파트너가 하나님의 뜻 안에 있다는 확신, 그리고 하나님에 대한 전적인 의존에서 나온 말이었다. "나를 따라 올라오라 여호와께서 그들을 이스라엘의 손에 넘기셨느니라"(12절).

반대로, 블레셋 사람들은 거만하고 자기 의존적인 마음을 나타냈다. 둘 다 교만에 뿌리를 둔 것이었다. 교만은 패망의 선봉이다(잠 16:18). 그들은 "우리에게로 올라오라 너희에게 보여 줄 것이 있느니라"고 했다.

요나단과 그의 무기 든 자는 가파른 절벽을 올라가 치열한 싸움을 해야만 했다. 그러나 팀워크 안에서 연합하는 모습을 보이자 하나님의 놀라운 능력이 나타났다.

> 요나단이 손발로 기어 올라갔고 그 무기를 든 자도 따랐더라 블레셋 사람들이 요나단 앞에서 엎드러지매 무기를 든 자가 따라가며 죽였으니(13절).

팀워크 안에서 효과적으로 일하려면 혼자서 위대한 업적을 행하는 것보다 더 많은 겸손이 필요하다. 그것이 이 중요한 성공의 원인 중 하나다. "요나단과 그 무기를 든 자가 반나절 갈이 땅 안에서 처음으로 쳐죽인 자가 이십 명가량이라"(14절). 두 사람과 하나님이 반나절 갈이 땅 안에서 스무 명의 사람들을 제압했다.

시편 18편에서 다윗은 짐승처럼 쫓기며 괴롭힘을 당할 때 바로 그와 똑같은 초자연적 승리를 이야기했다.

내가 주를 의뢰하고 적군을 향해 달리며 내 하나님을 의지하고 담을 뛰어넘나이다…나의 발을 암사슴 발 같게 하시며 나를 나의 높은 곳에 세우시며…내 걸음을 넓게 하셨고 나를 실족하지 않게 하셨나이다 내가 내 원수를 뒤쫓아 가리니 그들이 망하기 전에는 돌아서지 아니하리이다 내가 그들을 쳐서 능히 일어나지 못하게 하리니 그들이 내 발 아래에 엎드러지리이다 주께서 나를 전쟁하게 하려고 능력으로 내게 띠 띠우사 일어나 나를 치는 자들이 내게 굴복하게 하셨나이다(시 18:29, 33, 36-39).

다시 요나단의 이야기로 돌아가 보자.

이 군대에 속한 사람들이 만든 결과를 보라

들에 있는 진영과 모든 백성들이 공포에 떨었고 부대와 노략꾼들도 떨었으며 땅도 진동하였으니 이는 큰 떨림이었더라 (삼상 14:15).

하나님의 폭발적인 능력이 나타났다. 모든 사람이 공포에 떨었고, 온 땅이 진동했다. 성경에는 이렇게 묘사되어 있다.

허다한 블레셋 사람들이 무너져 이리저리 흩어지더라…블레셋 사람들의 진영에 소동이 점점 더한지라…블레셋 사람들이 각각 칼로 자기의 동무들을 치므로 크게 혼란하였더라(16, 19, 20절).

와! 이것은 하늘나라 본부에서 비롯된, 믿기지 않는 승리였다! 게다가 블레셋 사람들 중에 노예로 있던 이스라엘 사람들이 반란을 일으켜 그 싸움에 합류했다. 또 다른 그룹도 그렇게 했다. 22절을 보면 "에브라임 산지에 숨었던 이스라엘 모든 사람도 블레셋 사람들이 도망함을 듣고 싸우러 나와서 그들을 추격하였더라"고 되어 있다. 두 사람이 하나님과 함께 시작하여 원수를 이기기 위해 목숨을 건 결과, 온 나라의 거대한 승리로 끝이 났다.

그리고 하나님이 모든 영광을 받으셨다! "여호와께서 그날에 이스라엘을 구원하시므로"(23절). 그들은 승리를 얻기 위해 전적으로 하나님을 의지하고 모든 영광을 하나님께 돌리기로 했다. 그들은 진정한 겸손에서 나오는 성경적인 연합을 보여 주었으며, 진심으로 하나님의 인도하심을 구하고 온전히 순종했다.

승리를 거둔 후에 종종 맞게 되는 가장 큰 시련은 다른 리더들의 질투심에서 비롯된다. 다윗이 골리앗을 이긴 후 사울은 다윗을 향한 질투심 때문에 여러 차례 다윗을 죽이려 했다. 그리고 요나단을 질투하며 그를 죽이려 했다. 나이 많은 리더들은 질투 때문에 이런 끔찍한 죄를 범하지 않도록 자신의 마음을 지켜야 한다. 특히 하나님이 그들과는 다른 방법으로, 어쩌면 더 강력한 방법으로 사용하시는 젊은 리더들을 질투하지 말아야 한다.

> 질투는 스올 같이 잔인하며 불길 같이 일어나니 그 기세가 여호와의 불과 같으니라(아 8:6).

> 분은 잔인하고 노는 창수 같거니와 투기 앞에야 누가 서리요(잠 27:4).

요나단은 전쟁이 끝난 후 거의 목숨을 잃을 뻔했다. 사울이 백성에게 강요한 어리석은 규칙 때문이었다. 요나단은 그 사실을 모르고 규칙을 어겼고, 사울은 그의 죽음을 선고했다. 하지만 하나님은 요나단을 위해 그 일에 개입해 주셨다. 사울이 자기 아들의 죽음을 선고하자, 요나단과 그의 무기 든 자가 승리를 위해 엄청난 희생을 했으며 그들이 하나님의 명령에 순종하여 그 일을 했다는 것을 백성이 인정하고 나섰다.

그들의 말을 들어 보자. "그의 머리털 하나도 땅에 떨어지지 아니할 것은 그가 오늘 하나님과 동역하였음이니이다"(45절). 이는 어떤 사람이나 사탄도 우리의 삶에서 하나님의 뜻을 좌절시킬 수 없다는 사실을 다시 한 번 증명한다.

만일 우리가 하나님과 함께하는 선구적인 소수가 되어 큰 대가를 치른다면, 온 나라가 어둠에서 빛으로 인도되고 사탄의 세력에서 자유를 얻을 수 있을 것이다.

하나님의 지위

하나님의 지위는 열방에 대한 하나님의 최고 권위와 주권적인 통치를 말한다.

> 지존하신 여호와는 두려우시고 온 땅에 큰 왕이 되심이로다…하나님은 온 땅의 왕이심이라…하나님이 그의 거룩한 보좌에 앉으셨도다(시 47:2, 7-8).

> 땅의 모든 끝이 여호와를 기억하고 돌아오며 모든 나라의 모든 족속이 주의 앞에 예배하리니 나라는 여호와의 것이요 여호와는 모든 나라의 주재심이로다(시 22:27-28).

하나님의 능력

> 여호와께서 열방의 목전에서 그의 거룩한 팔을 나타내셨으므로

땅 끝까지도 모두 우리 하나님의 구원을 보았도다(사 52:10).

너희는 마음을 강하게 하며 담대히 하고 앗수르 왕과 그를 따르는 온 무리로 말미암아 두려워하지 말며 놀라지 말라 우리와 함께하시는 이가 그와 함께하는 자보다 크니 그와 함께하는 자는 육신의 팔이요 우리와 함께하시는 이는 우리의 하나님 여호와시라 반드시 우리를 도우시고 우리를 대신하여 싸우시리라(대하 32:7-8).

약 23년 전에 한 젊은 그리스도인 부부가 하나님께 부르심을 받아 선교사로 우간다에 갔다. 남편 개리 스키너(Gary Skinner)는 남아프리카 출신이었고, 그의 아내 마릴린(Marilyn)은 캐나다 출신이었다. 그들이 우간다에 간 지 4개월 정도밖에 되지 않은 어느 날 밤에 스물다섯 명의 남자가 그들의 집을 찾았다. 집에는 마릴린과 어린아이들만 있었다. "문을 열어라!" 하고 남자들이 소리쳤다. 그들은 도둑질하고 강간할 작정이었다. 심지어 마릴린을 살해할 마음도 품고 있었다. 마릴린과 아이들은 침대 밑에 숨었다. 남자들은 계속 문을 두드렸다. 마릴린은 하나님이 그날 주신 성경말씀을 계속 외웠다. "너를 치려고 제조된 모든 연장이 쓸모가 없을 것이라"(사 54:17). 그들은 세 시간 정도 두드리다가 끝내 문을 열지 못하자 그냥 가 버렸다.

또 한 번은 세 남자가 갑자기 쳐들어와 집을 털었다. 그들은 개리와 마릴린을 전깃줄로 묶은 다음 개리의 머리에 총을 겨누고 돈을 요구했다. "우리는 더 이상 가진 게 없으니 우리를 쏘려면 쏘세요" 하고 마릴린이 대답했다. 그 남자는 방아쇠를 잡아당겼으나 총이 작동을 하지 않았다. 그 남자는 몇 번 더 시도를 했지만 여전히 발사되지 않았다. "당신들 혹시 그리스도인입니까?" 하고 그 남자가 물었다. 마릴린이 확실하게 "네" 하고 대답하자 그들은 도망치듯 가 버렸다.

스키너 부부는 그들의 처소에 계속 머물렀고, 지금은 2만 명이 모이는 교회를 이끌고 있다. 오랫동안 이디 아민(Idi Amin)의 부패한 통치 하에 고생하고, 에이즈로 많은 사람이 죽고, 사냥감을 찾아다니는 소년병들이 침입했던 그 나라에 변화가 일어나고 있다. 우간다에는 이제 예수님의 문화가 침범하고 있다.

하나님이 우간다에서 이 일을 행하실 수 있다면 세계 어디에서나 그렇게 하실 수 있다. 그 요건들을 충족시킬 용기를 가진 자들을 하나님이 일으켜 주시도록 기도하자.

하나님의 목적과 계획

그들이 새 노래를 불러 이르되 두루마리를 가지시고 그 인봉을 떼기에 합당하시도다 일찍이 죽임을 당하사 각 족속과 방언과 백성과 나라 가운데에서 사람들을 피로 사서 하나님께 드리시고 (계 5:9).

내게 구하라 내가 이방 나라를 네 유업으로 주리니 네 소유가 땅 끝까지 이르리로다(시 2:8).

보라 네가 알지 못하는 나라를 네가 부를 것이며 너를 알지 못하는 나라가 네게로 달려올 것은 여호와 네 하나님 곧 이스라엘의 거룩하신 이로 말미암음이니라 이는 그가 너를 영화롭게 하였느니라(사 55:5).

여기 또 다른 예가 있다. 멕시코 메스퀴탈(Mezquital) 계곡에 있는 성 니콜라스(San Nicholas) 마을에 사는 오토미족 신자들은 오토미족의 종교적 관습들을 버리고 그리스도인이 되었다. 그들은 점점 더 많은 박해에 직면했고, 급기야 다른 마을 주민은 그들에게 떠나라고 요구해 왔다. 결국 신자들은 익스미킬판(Ixmiquilpan) 저편의 민숭민숭한 언덕에 정착했다. 그곳은 아무도 살고 싶어 하지 않는 곳이었다.

하루는 오토미족 사람들이 그날 밤 그리스도인들을 모두 몰살하기로 계획을 세웠다는 소식이 전해졌다. 그곳에 가장 오래 살았던 한 여자 성도가 모든 오두막을 방문하여, 언덕에 모여 하나님께 도움을 구하는 기도를 드리고 그분을 믿을 것을 권고했다. 그녀는 "두려워하지 마세요. 하나님은 죽지 않았어요!"라고 말했다. 어떤 이들은 언제 날아올지 모르는 총알이 무서워 언덕 위에 올라가기를 두려워했다. 그러나 점차 두려움에 떨던 신자들이 모이기 시작했다. 그들은 단순한 믿음으로 하나님의 보호를 간구했고, 어떻게든 하나님이 그분의 영광을 나타내시기를 기도했다. 그리고 믿음으로 자신들의 오두막으로 돌아가 잠을 청했다.

다음 날 익스미킬판 거리에 사람들이 삼삼오오 모여 그리스도인들을 빤히 쳐다보며 쑥덕거렸다. 그 이야기는 점차 사람들에게 알려졌다. 전날 밤, 그리스도인을 몰살시키려던 몇백 명의 사람이 다이너마이트와 여러 무기로 무장하고 언덕 아래에 모였다. 이윽고 신호가 떨어졌고, 그들은 신자들이 있는 곳을 향해 올라가기 시작했다. 그런데 갑자기 하나님이 능력의 불을 밝히셨다. 그들은 언덕 꼭대기 전체가 눈이 부실 만큼 밝은 빛으로 덮여 있는 것을 보았고, 두려움에 휩싸였다. 그곳에 세워진 작은 교회 건물이 보였고, 산꼭대기를 둘러싼 군사들이 보였다. 군사들은 그들에게 총을 겨누고 있었다. 나팔 소리가 크게 울리기 시작했다.

다음 날 화가 난 폭도들은 '수비대'를 뚫고 지나갈 수 없었기 때문에 언덕에도 올라갈 수 없었다고 보고했다. 모든 그리스도인이 살아남았다. 그들은 알고 있었다. 기적을 행하시는 우리 하나님이 가장 필요한 순간에 그분의 능력의 불로 그분의 영광을 보여 줄 대상을 찾으시다가 그들을 발견하셨다는 것을 말이다. 그들은 시편 34편 7절에 나오는 능력의 약속을 입증해 보였다. "여호와의 천사가 주를 경외하는 자를 둘러 진 치고 그들을 건지시는도다."

한때 소수의 오토미족 신자는 하룻밤 사이에 전멸될 것처럼 보였다. 하지만 지금 5천여 명의 신자가 54개의 마을에 흩어져 살고 있고, 위클리프 성경 번역 선교회를 통해 오토미족 언어로 번역된 신약성경을 가지고 있다.

예수님은 "내 교회를 세우리니 음부의 권세가 이기지 못하리라"(마 16:18)고 말씀하셨다. 우리는 이 말씀에 도전하는 자가 아니라 이 말씀을 하신 분에게만 감동을 받아야 한다.

우리의 적은 곧 하나님의 적이다

하나님의 아들이 나타나신 것은 마귀의 일을 멸하려 하심이라 (요일 3:8).

예수님이 십자가 위에서 "다 이루었다"고 말씀하셨을 때 세상에서 행해지는 사탄의 모든 활동은 불법이 되었다.

> 통치자들과 권세들을 무력화하여 드러내어 구경거리로 삼으시고 십자가로 그들을 이기셨느니라(골 2:15).

사탄은 영원한 파멸에 처할 운명인 타락한 천사에 불과하다. 결코 우리가 감동받을 만한 신분이 아니다! 우리는 하나님이 무슬림, 무신론자, 공산주의자, 불교 신자, 신도 신자, 힌두교 신자, 인본주의자들에게 다가가시기가 어려울 거라고 생각해선 안 된다. 그것은 오로지 불신으로 하나님을 제한하는 그리스도인들에게만 어려운 것이다.

우리가 하나님의 하나님 되심을 뜨겁게 찬양할 때 하나님이 일어나 그분의 능력을 나타내실 것이다.

> 여호와께서 용사같이 나가시며 전사같이 분발하여 외쳐 크게 부르시며 그 대적을 크게 치시리로다(사 42:13).

빛이 어두움보다 더 강력하고, 진리가 오류보다 더 강하다. 인간의 마음속 죄보다 더 많은 것이 하나님의 마음속 은혜다. 인간을 죄의 길로 유혹하는 사탄의 힘보다 인간의 마음속에 자리한 죄를 깨닫게 해주시는 성령의 힘이 더 크다. 아담과 하와 때부터 축적된 더러운 인간들의 죄보다 인간의 마음에서 죄의 얼룩까지 제거하는 예수님의 피 한 방울에 더 많은 능력이 있다.

할렐루야! 우리 하나님이 다스리신다!

삼위일체의 연합 안에서 살다 보면, 매우 귀찮고 힘든 상황에 부닥칠 수 있다. 다음 장에서 그것들을 살펴보자.

CHAPTER 10

힘든 환경 속에서도 계속되는 연합

당신은 다른 그리스도인이 잘못하는 것을 보면 어떻게 하는가? 이런 상황에 도움이 되는 짧은 말이 있다. "그 잘못을 말하지 말고, 기도하라." 베드로전서 4장 8절을 보면 "무엇보다도 뜨겁게 서로 사랑할지니 사랑은 허다한 죄를 덮느니라"고 되어 있다.

    우리는 상대방에게 직접 이야기하지 않는 대신, 하나님이 그분의 때에 그분의 방법으로 그 사람에게 알려 주시기를 사랑과 믿음으로 기도함으로써 그 사람의 허물을 '덮을 수 있다.' 하나님은 우리에게 그렇게 해주는 데 능숙하신 분이다. 누군가를 부정적으로 말하기 전에, 하나님이 그 일에 관해 뭐라고 말씀하시는지 명심해야 한다.

형제들아 서로 비방하지 말라 형제를 비방하는 자나 형제를 판단하는 자는 곧 율법을 비방하고 율법을 판단하는 것이라 네가 만일 율법을 판단하면 율법의 준행자가 아니요 재판관이로다 입법자와 재판관은 오직 한 분이시니 능히 구원하기도 하시며 멸하기도 하시느니라 너는 누구이기에 이웃을 판단하느냐(약 4:11-12).

예수님은 우리에게 "비판을 받지 아니하려거든 비판하지 말라 너희가 비판하는 그 비판으로 너희가 비판을 받을 것이요"(마 7:1-2)라고 말씀하신다. 생각해 보라! 우리는 다른 사람들에게 부정적으로 말할 때마다 하나님의 심판을 받게 된다.

여러 해 동안 힘들고 복잡한 상황을 겪고 있는 사람들을 상담하다 보면, 성령님은 종종 내가 그 사람들에게 이런 질문을 하게 하신다. "이와 비슷한 상황에서 다른 사람들을 판단한 적이 있나요?" 잠깐 생각한 후 돌아오는 답은 언제나 "예"였다. 다행히 잘못을 고백하고 회개하고 나면, 적절한 때에 그들의 상황이 호전되었다.

만일 그 사람이 계속 잘못된 행동을 고집하고 우리가 그 사람과 친해서 잘못을 지적해 줄 만한 자리에 있다면, 먼저 하나님께 우리가 그 말을 해주어야 하는지 여쭈어야 한다. 그리고 언제나 사랑을 전제로 그 사람과 단둘이 있을 때 이야기해야 한다. 마태

복음 18장 15절을 보라. "네 형제가 죄를 범하거든 가서 너와 그 사람과만 상대하여 권고하라." 에베소서 4장 15절은 이렇게 말한다. "오직 사랑 안에서 참된 것을 하여." 이런 명령에 불순종하면 듣는 자에게 불필요한 고통을 주게 될 것이다.

만일 우리가 리더십의 지위에 있다면, 먼저 진상을 파악하는 것이 중요하다. 다른 사람에게 전해 들은 말만 믿어서는 안 된다. 분쟁 중인 양쪽의 의견을 똑같이 들어 주는 것도 중요하다. 나는 한때 이 일을 잘못하여 깊이 후회한 적이 있다.

> 송사에서는 먼저 온 사람의 말이 바른 것 같으나 그의 상대자가 와서 밝히느니라(잠 18:17).

리더는 또한 그 상황에서 진리가 드러나면 준비된 마음으로 그 진리를 받아들이며, 하나님의 자비가 나타나서 그 결과 연합이 이루어지기를 기도해야 한다.

> 너희가 행할 일은 이러하니라 너희는 이웃과 더불어 진리를 말하며 너희 성문에서 진실하고 화평한 재판을 베풀고(슥 8:16).

성경은 또한 이렇게 말한다. "대저 그 마음의 생각이 어떠하면 그 위인도 그러한즉"(잠 23:7). 그러므로 땅에서 우리의 말이 크게 들리듯 하늘에서는 우리의 생각들이 크게 들린다. 하나님이 스가랴 8장 17절에서 이렇게 말씀하시는 것도 그 때문이다. "마음에 서로 해하기를 도모하지 말며…이 모든 일은 내가 미워하는 것이니라 여호와의 말이니라."

올바른 성품을 지닌 사람을 누군가 부정적으로 말할 때는 어떻게 하는가? 그 말이 맞지 않는 것 같다면 그냥 잊어버리고 그 사람을 옹호해 주라. 이사야 54장 17절에서 하나님은 의인을 옹호하신다고 말씀하신다. 하나님은 우리 같은 사람들을 사용하여 그 일을 하신다.

항상 좋은 말만 들어 왔던 사람을 부정적으로 말하는 것을 들었는데, 우리가 그 사람의 성품을 모른다면 어떻게 해야 할까? 나 같으면 하나님이 나에게 다른 확신을 주시기 전까지는, 그 사람에 대한 좋은 말만을 계속 믿을 것이다. 이것은 후에 변화가 필요할 경우 하나님이 다음 행동을 취하시도록 책임을 하나님께 돌리는 것이다.

만일 우리가 그 사람과 한 그룹에 있다면 어떻게 할까? 하나님께 그들에게 죄가 있는지 없는지 알려 달라고 기도하라. 하나님은 사람의 마음을 아시는 유일한 분이다(대하 6:30). 하나님이 그들에게 죄가 없다고 알려 주시면 그들을 변호하라. 만일 그들에게 죄가 있다면, 하나님이 그 사실을 리더에게 알리고 그 사실이 밝히 드러나게 해주시기를 기도하라.

우리가 리더라면, 이미 말한 것처럼 우리가 직접 처리해야 한다. 그렇지 않으면 결국 두 가지 일이 일어날 것이다. 첫째, 하나님이 우리에게 책임을 지우실 것이다. "너희는 스스로 조심하라 만일 네 형제가 죄를 범하거든 경고하고 회개하거든 용서하라"(눅 17:3). 둘째, 사탄이 그 죄로 그룹 전체를 공격할 수도 있다.

바울은 고린도 교회에 보내는 첫 번째 서신에서 5장 전체를 할애하여 부도덕한 죄를 다루어야 할 필요성과 이 죄가 어떻게 교회를 더럽히는지를 이야기한다. 또한 바울은 디모데에게 성경적인 처벌 방법을 거부하는 리더들은 모든 사람이 보는 앞에서 강하게 징계하도록 권면한다.

> 장로에 대한 고발은 두세 증인이 없으면 받지 말 것이요 범죄한 자들을 모든 사람 앞에서 꾸짖어 나머지 사람들로 두려워하게 하라(딤전 5:19-20).

내 일생에서 이 구절대로 행해지는 것을 두 번 보았는데, 각 교회의 성도들만 모인 데서였다. 또 각 경우에 하나님의 말씀이 정확히 그대로 이루어졌다! 하나님을 두려워하는 모습이 명백히 나타났던 것이다.

디모데후서 4장 1-2절에서 바울은 디모데에게 말하길, 디모데가 리더로서 책임을 다하는 것이 성경적인 연합을 유지하는 유일한 길임을 알고 그 책임을 진지하게 받아들이라고 권면한다.

> 하나님 앞과 살아 있는 자와 죽은 자를 심판하실 그리스도 예수 앞에서 그가 나타나실 것과 그의 나라를 두고 엄히 명하노니 너는 말씀을 전파하라 때를 얻든지 못 얻든지 항상 힘쓰라 범사에 오래 참음과 가르침으로 경책하며 경계하며 권하라.

하나님은 그분이 사용하시는 영적 리더들을 비판적으로 말하는 것을 분명히 경고하신다. "나의 기름부은 자를 손대지 말며 나의 선지자들을 해하지 말라"(시 105:15).

다음은 한 목사 친구가 사역에서 은퇴하기 직전에 짐과 나에게 들려준 이야기다.

그 목사가 젊은 사역자였을 때 일어난 일이다. 그는 하나님의 명령에 순종하며 모든 일을 행했다. 그 목사가 교회 성도들에게 하나님의 말씀을 전하고 그 말씀대로 행동하도록 권면할 때마다 그를 반대하던 세 사람이 있었다. 모두 그보다 나이가 많은 사람들이었다. 이런 일이 계속되자, 이제는 이 문제를 하나님의 손에 맡기는 수밖에 없었다. 그 목사는 하나님이 어떤 방식으로든 그들을 다루실 거라고 믿었고, 정말 그렇게 되었다! 6개월 내에 우리 목사 친구는 그들의 장례식을 각각 인도했다.

우리가 하나님의 기름부음을 받아 섬기는 리더들을 비판함으로써 연합을 훼방하고 있다면, 하나님의 말씀을 진지하게 받아들이는 것이 좋을 것이다. 고라, 다단, 아비람이 모세와 아론에게 "너희가 어찌하여 여호와의 총회 위에 스스로 높이느냐"(민 16:3)라고, 또 "네가 우리를 젖과 꿀이 흐르는 땅에서 이끌어 내어 광야에서 죽이려 함이 어찌 작은 일이기에 오히려 스스로 우리 위에 왕이 되려 하느냐"(민 16:13)라고 비난했을 때 그들에게 무슨 일이 일어났는지 생각해 보라. 민수기 16장 31-32절을 보면 "그가 이 모든 말을 마치자마자 그들이 섰던 땅바닥이 갈라지니라 땅이 그 입을 열어 그들과 그들의 집과 고라에게 속한 모든 사람과 그들의 재물을 삼키매"라고 쓰여 있다.

지금 하던 일을 멈추고 성령님에게 당신이 비난했던 사람, 특히 하나님이 사용하고 계신 영적 리더들 중에 비난한 사람이 있다면 생각나게 해 달라고 기도하라. 이렇게 연합을 방해했던 일을 고백하고 회개하는 것이 우리에게 좋을 것이다. 우리가 비판했던 사람을 다시 찾아가서 잘못을 고백하라. 그럴 때 우리는 하나님께 용서를 받으며 더 지혜로운 사람이 된다. "교만이 오면 욕도 오거니와 겸손한 자에게는 지혜가 있느니라"(잠 11:2).

우리를 분열시키려는 사탄의 전략들을 패배시키자. 화평케 하는 자와 연합하는 자들이 되자.

악을 버리고 선을 행하며 화평을 찾아 따를지어다(시 34:14).

다른 사람들을 책망해야 할 때는 어떻게 해야 하는가? 나는 다른 사람들을 권면하는 데서 큰 기쁨과 만족감을 얻는다. 성령님이 그것을 내 유전자의 일부분으로 만드셨다. 그래서 하나님이 어려운 상황에서 다른 사람들을 책망하라고 말씀하실 때면 나에게 용기를 줄 성경 구절들이 필요했다. 여기에 그 두 구절이 있다.

사람을 경책하는 자는 혀로 아첨하는 자보다 나중에 더욱 사랑을 받느니라(잠 28:23).

여기서 주목할 것은 지금 당장이 아니라 '나중에'라는 것이다.

지혜 있는 자를 책망하라 그가 너를 사랑하리라 지혜 있는 자에게 교훈을 더하라 그가 더욱 지혜로워질 것이요 의로운 사람을 가르치라 그의 학식이 더하리라(잠 9:8-9).

우리가 다른 사람들에게 책망받아야 하는 경우를 성경은 뭐라고 말하는지 보고 용기를 얻자. 적절한 때, 그리고 단둘이 있을 때 사랑으로 진리를 말한 경우라면, 우리는 그것을 감사히 받아들여야 한다. 왜냐하면 우리는 그것으로 교훈을 얻을 것이기 때문이다.

> 아비의 훈계를 업신여기는 자는 미련한 자요 경계를 받는 자는 슬기를 얻을 자니라(잠 15:5).

> 의인이 나를 칠지라도 은혜로 여기며 책망할지라도 머리의 기름 같이 여겨서 내 머리가 이를 거절하지 아니할지라(시 141:5).

만일 아비가일이 신속하게 행동하지 않았더라면, 그래서 온유하고 겸손하고 지혜롭게 책망과 경고가 포함된 말을 다윗에게 하지 않았더라면, 많은 사람이 목숨을 잃었을 것이며 다윗은 하나님의 심판을 받게 되었을 것이다.

만일 다윗이 겸손한 마음으로 이 경건한 여인의 말을 듣지 않았더라면, 나중에 아비가일이 다윗의 아내이자 그의 아이들의 어머니가 되는 일은 없었을 것이다.

우리가 특히 힘든 상황에서 성경적인 연합을 가져오는 겸손을 발휘하느냐 마느냐에 많은 운명이 달려 있다.

지금까지 나와 함께 삼위일체의 연합을 추구해 온 모든 이에게 경의를 표한다. 다음 장에서는 우리가 어디까지 왔는지 점검해 볼 것이다. 그것은 우리를 격려해 주거나 더 나아가 깨달음을 줄 것이다. 또다시 계속 달려가도록!

CHAPTER 11

삼위일체 연합에 헌신하는 사람들의 특징

이 주제에 관하여 하나님의 말씀을 기준으로 우리의 삶을 정직하게 평가해 보는 시간을 갖자.

첫째, 우리는 정말로 겸손한 마음을 갖고 있어, 서로 존경한다. 우리는 "형제를 사랑하여 서로 우애하고 존경하기를 서로 먼저 하며"(롬 12:10)라는 말씀을 이해한다. "잘 다스리는 장로들은 배나 존경할 자로 알되 말씀과 가르침에 수고하는 이들에게는 더욱 그리할 것이니라"(딤전 5:17)는 말씀대로 먼저 영적 리더들을 존경하고 그들을 격려한다.

설교자이자 성경을 가르치는 자로서 하나님의 기준에 따라 살려면 큰 대가를 치러야 한다. 에스라 7장 10절을 보면, 기본 사항이 나와 있다. "에스라가 여호와의 율법을 연구하여 준행하며 율례와 규례를 이스라엘에게 가르치기로 결심하였었더라." 여기서 중요한 것은 순서다.

1. 에스라는 자신의 사역을 매우 진지하게 받아들였다. 자신의 마음이 청결한지, 하나님과 사람들에게 해결하지 않은 죄가 있는지 확인했다.
2. 하나님이 맨 처음 그에게 전하라고 명하신 주제를 하나님이 뭐라고 말씀하시는지 알기 위해 성경을 연구했다.
3. 자신이 그 진리대로 살고 있는지 확인했다.
4. 그런 다음에야 그 진리들을 다른 사람들에게 가르쳤다.

이는 하나님이 영적 리더들에게 주신 많은 중요한 메시지들 중에서 '빙산의 일각'에 불과하다.

둘째, 우리는 어떤 개인이나 그룹도 모든 진리를 알고 있지 않다고 확신한다. 따라서 다른 모든 신자의 말을 듣고 그들에게서 배워야 하며, 또 다른 사람들에게도 그렇게 하도록 권면할 필요가 있음을 안다.

많은 교파가 실제로 자신들이 모든 진리를 알고 있다고 믿는다는 사실에 나는 이제 놀라지 않는다. 정말 그럴까? 하나님은 그분의 말씀에서 다양한 진리를 강조하셔서 그리스도의 몸의 광범위한 부분을 영광스럽게 하셨고, 그래서 우리가 서로에게 듣고 서로에게 배워야 할 필요성을 겸손히 받아들이게 하셨다.

배우는 것은 매우 흥미진진한 일이다. 오직 하나님만이 늘 똑같은 말을 듣는 지루함을 견디실 수 있다. 나는 하나님은 창조하는 일을 멈추지 않으셨으며 창조성이 그분의 본성에 속하기 때문에 계속해서 그분의 창조 사역을 펼치신다고 생각한다. 우리에게 말씀하셨으나 우리 인간은 볼 수도 없고 깨달을 수도 없는 방법으로 말이다.

요점은, 참으로 겸손한 마음을 가진 사람은 반드시 하나님이 만나게 해주시는 어떤 사람이나 수단을 통해 영적 진리들을 듣고 배운다는 것이다. 그것은 정말로 흥미로운 결과들을 낳는다. 문학, 미디어, 과학 등의 영역에서 말이다.

이 글을 쓰고 있을 때 평판 좋은 기독교 TV 프로그램을 보았다. 그 프로그램에서 진행자가 매우 독실한 아프리카 원주민 그리스도인 의사를 인터뷰했다. 그는 뇌 관련 분야에서 박사학위를 취득한 사람이었고, '뇌 지도 작성'(brain mapping)을 통해 사람들이 온전해지도록 돕는 일을 전문적으로 하고 있었다. 그 일은 매우 유익하고 매력적이었다. 무엇보다도 훌륭한 결과들을 낳았고, 이로 말미암아 하나님께 영광을 돌리고 있었다.

특히 인상적이었던 부분은 그의 꿈 이야기였다. 경건한 가정의 훌륭한 그리스도인 부모 밑에서 자란 그는 여섯 살 때 백인들 사이에서 일하고 있는 자신의 모습을 여러 번이나 꿈으로 보았는데, 오늘날 정확히 그 일을 하고 있고 했다. 그 당시에만 해도 그 일은 불가능해 보였고, 심지어 아프리카에 있는 그의 가족들은 지금까지도 그 사실을 잘 믿지 못한다. 놀랍게도 하나님이 오늘날 세상에서 주권적으로 보여 주시는 지식이 많아질수록 몸과 마음과 영과 혼이 온전해지고 있으며, 다니엘 12장 4절과 골로새서 1장 28-29절 말씀이 실현되고 있다.

그러므로 이전에 들어 본 적이 없다고 해서, 또는 이해할 수 없다고 해서 어떤 것에 마음을 닫지 말아야 한다. 또 우리의 시야에 들어온 모든 새로운 것을 너무 쉽게 믿어서도 안 된다. 하나님을 경외하며 살수록 모든 일에서 참과 거짓을 분별하는 지혜를 더 많이 갖추게 될 것이다. 성경은 하나님을 경외함이 지혜의 근본이며 지혜의 훈계라고 말한다.

셋째, 우리는 하나님의 모든 자녀와 함께 예배하고 교제하는 것에 거리낌이 없다. 바울은 에베소와 골로새의 신자들에게 이렇게 말했다. "그리스도 예수 안에 너희의 믿음과 모든 성도에 대한 사랑을 들었음이요"(골 1:4).

우리가 이 땅에서 하나님의 모든 자녀와 편하게 지내야만 하늘나라에서도 편안할 것이다.

시나리오가 어떻게 전개될 것인가? 우선 제한된 단면부터 살펴보자. 로마 가톨릭교, 제7일 안식일 예수 재림교회, 오순절파, 카리스마파, 루터파, 영국 성공회, 멕시코인, 아메리칸 인디언, 아시아인, 또는 뉴질랜드의 마오리인이나 남태평양의 사모아인과 피지인들, 에스키모, 또는 호주 원주민들같이 다른 나라와 민족 집단에 속한 다수의 사람들은 어떠한가?

위의 사람들 중 일부는 천국에서 만날 것이며, 우리보다 먼저 주 예수님이 그들을 존중해 주셨을 것이다. 나는 마지막에 언급한 민족을 제외한 모든 사람을 섬기고 그들과 함께하는 기쁨을 누려 보았다. 호주 원주민과 함께 어울리지 못한 것은 단지 기회가 없었기 때문이다.

예수님은 이 세상에 계실 때 유대교 환경에서 이방인 군인의 믿음을 보고 그를 존중해 주셨고, 자기의 것을 바친 이름 없는 가난한 과부를 존중해 주셨으며, 또 청중에게 어린아이들과 같이 되라고 자주 말씀하셨다.

모든 일에 있어서 예수님의 관점을 갖게 해 달라고 성령님께 기도하라. 우리가 진심으로 구하고 믿으면 반드시 들어주실 것이다. 그것은 곧 빌립보서 2장에 나오는 예수님의 마음을 구하는 것이다. 바울은 데살로니가 신자들로 말미암아 특별한 기쁨을 느겼다. "형제들아 우리가 너희를 위하여 항상 하나님께 감사할지니…너희의 믿음이 더욱 자라고 너희가 다 각기 서로 사랑함이 풍성함이니 그러므로…하나님의 여러 교회에서 우리가 친히 자랑하노라"(살후 1:3-4). 이는 바울이 다른 교회들에게 그들을 자랑할 만큼 특별한 존재였다는 것을 보여 주는 한 예다. 이유가 무엇일까? 그들의 서로를 향한 겸손과 사랑이 점점 더 자라고 있었기 때문이다. 바로 거기에 이유가 있었다!

넷째, 우리는 사랑함으로 협력한다. 모든 사람을 사랑할 때 영적으로 나타나는 자연적인 결과는 성경에 대한 관점이나 해석이 각기 다르더라도 다른 그리스도인들과 협력하여 일할 수 있다는 것을 받아들이는 것이다. 그것은 우리가 다른 사람에게 배울 것이 있다는 확신에서 비롯된다.

갈라디아서 5장 13절에서 바울은 우리에게 "사랑으로 서로 종노릇 하라"고 말한다. 종은 듣고 배운다. 종은 다른 사람들을 섬길 방법을 마음대로 정하거나 다른 사람에게 자신의 필요를 말하지 않고, 다만 "당신에게 필요한 것이 무엇입니까? 내가 어떻게 하면 당신을 기쁘게 해 드릴 수 있을까요?" 하고 묻는다.

팀워크 안에서의 겸손에 대한 바울의 더 강력한 생각들이 에베소서 4장 1-3절에 나와 있다.

그러므로 주 안에서 갇힌 내가 너희를 권하노니 너희가 부르심을 받은 일에 합당하게 행하여 모든 겸손과 온유로 하고 오래 참음으로 사랑 가운데서 서로 용납하고 평안의 매는 줄로 성령이 하나 되게 하신 것을 힘써 지키라.

우리가 정말로 그 기준을 따라 산다면, 요한복음 17장에 나오는 예수님의 기도의 특징이 우리의 삶을 통해 흘러나와야 한다.

다섯째, 서로 격려하고 감사한다. 하나님이 그분의 나라를 확장하기 위해 사용하고 계신 다른 그리스도인에게 격려와 감사를 표현하는 것을 기뻐할 것이다. 바울은 그가 사랑하는 데살로니가 사람들이 이렇게 행하는 것을 보았고, 그래서 그들에게 이렇게 단언했다. "그러므로 피차 권면하고 서로 덕을 세우기를 너희가 하는 것 같이 하라"(살전 5:11). 달리 말하면 이렇다. "잘했다. 나는 너희가 서로 얼마나 잘 지내는지 보았다. 계속 그렇게 해라."

바울은 또한 우리가 이렇게 팀워크를 이루고 있지 않다면, 그 근본 원인이 우리 안에 있는 불안이나 질투심에 있는지 성령께 여쭈어 보아야 한다는 것을 알았다. "헛된 영광을 구하여 서로 노엽게 하거나 서로 투기하지 말지니라"(갈 5:26).

남을 격려하는 사람이 되려면, 먼저 그런 근본적인 죄들을 자백하고 회개하며 우리에게 다른 사람이 필요하다는 것을 인정해야만 한다(잠 28:13).

여섯째, 우리는 서로 인정하고 칭찬하며, 상대방의 허물을 지혜롭게 대처한다. 성경적 연합의 다음 특징에는 두 부분이 있다는 것을 이미 이야기한 바 있다. 내가 그 이야기를 반복하는 이유는 이 장에서 그것을 확인할 수 있기 때문이다. 먼저 우리는 서로 인정하고 칭찬해 준다. 바울은 로마의 신자들이 이렇게 살기를 바라며 "그러므로 우리가 화평의 일과 서로 덕을 세우는 일을 힘쓰나니"(롬 14:19)라고 말했다. 오래전에 나는 어떻게 이 일을 실제로 행할 수 있는지 성령님께 물었고, 내 영 안에서 그분은 답해 주셨다. 그것이 두 번째 특징으로, "어떤 사람을 부정적으로 이야기하는 것을 들었을 때 그 말을 당사자에게 전하지 말라"는 것이다. 나는 이것이 "화평을 찾아 따를지어다"(시 34:14)라는 말씀과 들어맞는다는 것을 알았다. 또 마태복음 5장 9절은 "화평하게 하는 자는 복이 있나니"라고 말한다.

일곱째, 우리는 다른 사람들에게 받아들여져야 한다는 것을 안다. 삼위일체의 연합 안에서 우리는 다른 사람들의 사랑과 격려, 그리고 기도가 절실히 필요함을 느낀다. 사도 바울도 자신의 필요를 이야기했고, 특히 기도해 주기를 바랐다. 그렇다면 하물며 우리는 얼마나 더하겠는가? 그는 "너희도 우리를 위하여 간구함으로 도우라 이는 우리가 많은 사람의 기도로 얻은 은사로 말미암아 많은 사람이 우리를 위하여 감사하게 하려 함이라"(고후 1:11)고 말했다.

골로새서 4장 3-4절에서 바울은 또다시 감옥에서 자신의 매임을 언급하며 기도를 부탁한다. 또 18절에서는 "내가 매인 것을 생각하라"고 말한다. 그는 손목에 무거운 사슬을 차고 글을 쓰는 것은 물론 매일 살아가는 일이 너무나 힘들었다. 따라서 그것을 이겨 내려면 많은 은혜가 필요하다는 것을 알았다.

바울이 로마 감옥에 갇혀 정신적, 감정적, 육체적으로 피할 수 없는 고통과 굴욕과 고난을 견뎌 내면서 우리에게 그렇게 훌륭한 서신서들을 전해 준 것을 우리는 매우 감사해야 한다. 나는 이 글을 쓰는 동안 성령님의 깊은 감동을 받고 있다. 종종 하늘나라에 있는 바울에게 내가 그를 얼마나 사랑하고 고마워하는지 전해 달라고 하나님께 부탁하기도 했다. 그가 존경받고 있다는 것을 알려 주고 싶다.

우리는 모두 이 즐거운 연합 안에서 진정한 사랑과 격려의 표현들을 서로 주고받아야 한다. 그렇게 하는 것은 하나님을 영화롭게 해 드리는 일이다. 지금 잠깐 멈추고 성령님께 당신의 사랑과 격려의 말이 필요한 사람을 떠올려 달라고 간구하면 어떨까? 길게 말할 필요도 없다. 때에 맞는 카드나 쪽지, 전화 한 통, 이메일, 또는 교회에서 직접 만나는 것으로도 충분할 것이다.

최근에 내가 방문한 활력 넘치는 교회에서 신중하고 젊은 예배 인도자와 이야기를 나누었다. 나는 이렇게 말했다. "오늘 예배가 유난히 저의 마음을 더 깊이 꿰뚫는 것 같았어요. (그렇다고 그 전 예배가 피상적이었다고 생각한 것은 아니었다.) 그 이유를 설명해 주실 수 있나요?" 그러자 정말 놀랍게도, 그는 지난 열두 달 동안 나의 책 《삶을 변화시키는 하나님의 불》을 천천히 읽고 적용하면서 하나님이 자신의 영적 생활을 완전히 변화시켜 주셨다는 것을 매우 강한 어조로 이야기했다. "제 안의 모든 것이 철저히 달라졌어요. 오늘 우리가 예배 시간에 부른 새 노래들은 바로 그 결과로 나온 것들이에요."

그 사람에게서 내게 꼭 필요했던 엄청난 격려를 받으면서, 나는 또 다른 질문을 던졌다. "가수와 연주자들의 팀에서도 예전보다 더 강한 연합이 이루어졌나요?" 그의 대답은 다시 한 번 나를 놀라게 했다. "물론이지요. 우리는 지금까지 거의 연합하지 못했어요. 정말로 서로 전혀 몰랐으니까요. 이제 저는 각 사람에게 관심이 있고, 그들과 진실한 관계를 맺으려고 노력해요. 우리는 이제 진짜 한 팀으로서 아름다운 연합을 이루고 있어요."

> 이제 인내와 위로의 하나님이 너희로 그리스도 예수를 본받아 서로 뜻이 같게 하여 주사 한마음과 한 입으로 하나님 곧 우리 주 예

수 그리스도의 아버지께 영광을 돌리게 하려 하노라(롬 15:5-6).

여덟째, 우리에게는 하나님이 주신 우정이 필요하다. 우리에게는 필요할 때 사랑으로 훈계해 줄 친구들이 몹시 필요하다.

의인이 나를 칠지라도 은혜로 여기며 책망할지라도 머리의 기름 같이 여겨서(시 141:5).

우리가 애정 어린 책망을 겸손하게 받아들이지 못한다면, 하나님이 미래를 위해 우리에게 주시고자 했던 지혜도 받지 못할 것이다. 그러므로 이 성경적 연합의 기준대로 사는 것은 우리 자신에게 유익한 일이다.

훈계받기를 싫어하는 자는 자기의 영혼을 경히 여김이라 견책을 달게 받는 자는 지식을 얻느니라(잠 15:32).

아홉째, 우리는 하나님의 명령을 기뻐한다. 삼위일체 연합 안에서 살기 위해 헌신하는 사람들은 권위와 관련된 하나님의 명령에 순종하는 것을 기쁨으로 여긴다.

하나님의 말씀을 너희에게 일러 주고 너희를 인도하던 자들을 생각하며 그들의 행실의 결말을 주의하여 보고 그들의 믿음을 본받으라(히 13:7).

독립적인 사람(혼자 있기를 더 좋아하는 사람)은 이러한 진리와 잘 어울리지 않는다. 우리의 권위자인 영적 리더들이 이 성경적인 연합의 특징들을 삶으로 나타내고 있다면, 그들에게 복종하기가 쉬울 것이다. 그렇지 않더라도 우리는 어쨌든 그들에게 복종하고 결과는 하나님께 맡겨야 한다. 하나님이 우리를 시험하실 것이다. 또 우리는 하나님의 때에 우리를 옳은 방향으로 인도해 주시기를 기도해야 한다. 그럴 경우, 우리는 항상 그리스도를 닮은 태도를 지니고 있어야만 한다.

CHAPTER 12

세상을 하나님께 인도하는 연합의 역동성

역대하 3장 11절에 연합의 겸손함이 아름답게 묘사되어 있다. 거기서 우리는 솔로몬 성전의 지성소 안에 있던 그룹의 날개들이 서로 닿아 있었다는 글을 읽는다. 또 에스겔 1장 9-11절에서도 생물의 날개들이 서로 닿아 있다고 했고, 9절에서는 "갈 때에는 돌이키지 아니하고 일제히 앞으로 곧게 행하며"라고 한다. 11절에서는 "그 날개는 들어 펴서 각기 둘씩 서로 연하였고"라고 하며, 12절에서는 "영이 어떤 쪽으로 가면 그 생물들도 그대로 가되…일제히 앞으로 곧게 행하며"라고 한다.

그들의 날개 끝이 서로 닿아 있어야 했기 때문에 그들은 서로 독립적으로 행할 수가 없었다. 그 결과 그들은 성령의 인도 아래

최대한 앞으로 나갔다. 우리는 서로 접촉해야 할 절박한 필요성을 느낄 때 성령의 인도하심을 분별하고 훨씬 더 멀리 나아갈 것이다. 함께 시간을 보내지 않았던 사람들과 시간을 보내려고 노력하고 함께 즐거워하며, 그들에게서 배울 것을 기대하자. 서로 참아 주거나 받아들이는 데서 그치지 말고, 날개가 서로 닿게 하자. 그것은 함께 교제하고, 함께 식사하고, 함께 기도하고, 함께 하나님을 예배함으로써 더 친밀한 연합에 이르는 것을 의미한다.

연합의 뿌리는 겸손이다.
겸손의 열매는 사랑이다.
여전히 우리의 다양성은 존재할 수 있다.
그러나 세상은 "그것은 위로부터 온 것이다"라고 말할 것이다.

성경적인 연합은 겸손에서 시작한다

하나님이 우리에게 원하시는 연합은 우리의 겸손에서 출발한다. 이 땅을 살아가는 그리스도의 몸으로 우리는 다음의 것들을 인지해야 한다.

첫째, 교파와 인종을 초월하여 정기적으로 함께 기도해야 할 필

요성을 깨달아야 한다. 하나님의 말씀 안에 청사진이 있다. 우리는 그것을 능가할 수 없다.

예루살렘 성 안에서 복음 전도의 획기적인 발전이 이루어지기 전에, 초대교회는 한 장소에 모여 같은 목적과 같은 뜻을 가지고 함께 기도했다. 사도행전 1장 14절에서는 120명의 사람이 "여자들과 예수의 어머니 마리아와 예수의 아우들과 더불어 마음을 같이하여 오로지 기도에 힘쓰더라"고 했다.

"오순절 날이 이미 이르매 그들이 다 같이 한곳에 모였더니"(행 2:1)라는 말씀대로 우리는 거기서 시작해야 하며, 하나님이 나타나실 때까지 계속 그곳으로 돌아가야 한다. 그렇다고 그 그룹이 항상 연합했던 것은 아니다. 특히 과거에 예수님의 형제들은 예수님을 믿지 않았다. "이는 그 형제들까지도 예수를 믿지 아니함이러라"(요 7:5).

둘째, 우리는 성도로서 함께 모여 함께 예배 드리고 함께 하나님의 말씀에서 배워야 한다. 우리는 다른 교회 성도들을 우리 교회로 초대하여 대접해야 한다. 다른 목사님(들)에게 설교를 부탁해야 한다. 다른 교회 성가대를 초대해야 한다. 가능하면 다른 교파뿐만 아니라 여러 민족과 인종 그룹이 섞여 있도록 해야 한다. 하나님은 우리가 모두 다른 민족 집단, 다른 교파, 다른 문화, 다른 연령대의 사람들과 관계를 맺어, 그리스도인들과 비그리스도인들 사이에서 훨씬 더 폭넓은 연합의 기반을 마련해 잃어버린 자들에게 복음을 전할 수 있도록 계획하셨다.

우리 연합의 기반을 넓히려면 인종 사이에서 변화를 일으키고, 우리가 교제하고 섬기는 사람들을 위해 우리의 안전지대를 벗어나야만 한다. 잭 헤이포드 박사는 30년 넘게 더 처치 온 더 웨이의 목회자로 지내면서 사람들이 서로 연합을 이루게 하는 탁월한 본을 보였고, 지금도 그렇다.

셋째, 초대교회가 다음 안정기에 이르게 하기 위해, 하나님은 두 명의 중요한 사람들을 사용하셨다. 하나님은 그들을 아셨지만, 그 둘은 서로 모르는 사이였고 다른 도시에 살고 있었다. 하나님은 그 둘이 함께 교제하며 사역하게 하셨다. 그들은 아주 다른 민족을 대표했다. 하나님은 그들이 서로 민족적인 편견을 깨고 종교적 차이라는 높은 벽을 허물기 원하셨다.

베드로는 그 당시 모든 사람이 인정하는 예루살렘 교회의 리더였다. 베드로는 하나님께 크게 쓰임 받아 유대인들에게 복음을 전했다. 수천 명에게 세례를 주었고, 하나님의 능력으로 기적을 행하기도 했다. 베드로는 역동적인 영적 리더였으나, 오늘날 많은 리더들처럼 그의 사역에는 아주 중요한 것이 빠져 있었다. 하나님은 그것을 바로잡아 주려 하셨다.

하나님은 베드로에게 여러 종류의 동물과 파충류와 새들이 한 그릇 안에 담겨 있는 환상을 보여 주시며 모두 먹으라고 말씀하셨다. 그래도 괜찮았다. 그것들은 모두 깨끗한 것들이었다. 그리고 하나님은 베드로에게 주저하지 말고 그를 찾아온 사람들과 함께 가라고 하셨다. 그들은 하나님이 보내신 사람들이었다.

이는 베드로에게 엄청난 일이었다. 그는 자기가 전도해야 하는 사람들이 옳은지 그른지에 관한 개념 전체를 바꾸어야만 했다. 유대인이 이방인과 어울리거나 이방인의 집을 방문하는 것은 율법에 어긋나는 것이었다(행 10:28). 유대인과 이방인은 절대 함께 식사를 하지 않았기 때문에, 그것은 마음과 생활방식의 철저한 변화를 의미했다. 유대인들은 이방인들이 부정한 음식을 먹는다고 생각했기 때문에, 그들은 서로 사회적으로도 단절됐다. 사회적인 상호작용이 전혀 없었다. 하나님은 베드로에게 이제는 음식에 차이가 없다는 것을 보여 주심으로, 또한 이제부터 유대인들과 이방인들은 동등한 조건에서 함께 교제하고 함께 식사를 해야 한다는 것을 깨닫게 해주셨다. 사도행전 10장과 11장에서 베드로는 익숙한 안전지대를 떠나 다음 사역을 위해 미지의 곳으로 가야만 했다.

이제 하나님이 초대교회를 새로운 안정기로 인도하기 위해 사용하신 다른 중요한 사람들의 삶에서 배울 수 있는 교훈들을 살펴보자.

고넬료는 가이사랴라는 도시에 사는 로마의 백부장이었다. 성경을 보면 그는 "경건하여 온 집안과 더불어 하나님을 경외"(행 10:2)하는 사람이었다. 비록 할례를 받아 완전한 개종자가 된 것은 아니었지만, 일반적으로 유대교 신앙과 예배와 관습을 고수하는 이방인이었다. 고넬료는 가난하고 궁핍한 자들의 필요를 채워 주는 일에 관여했고, 삶 속에서 하나님께 기도했으며, 유대 온 족속이 칭찬하는 사람이었다(행 10:22).

하나님은 고넬료의 삶에 감동을 받으신 것이 틀림없다. 그에게 천사를 보내어 이 메시지를 전하셨기 때문이다. "네 기도와 구제가 하나님 앞에 상달되어 기억하신 바 되었으니"(행 10:4). 생각해 보라. 고넬료는 복음을 들어 본 적은 없으나 하나님을 두려워하여 기도하고 금식하는 사람이었다. 참으로 흥미로운 사실이다.

나는 고넬료의 기도가 그를 첫 번째 이방인 그리스도인이 되게 하시려는 하나님의 계획과 밀접한 관계가 있었다고 믿는다. 고넬료는 분명 자기가 아는 빛을 따라 살고 있었고, 다른 사람들도 그와 같이 살도록 영향을 미치고 있었다. 예를 들면, 천사가 고넬료에게 사람들을 욥바에 보내어 베드로를 데려오게 하라고 했을 때 고넬료는 자기와 가까이 지내던 하나님을 경외하는 군인에게 수행원들을 인도하도록 맡겼다.

베드로가 고넬료와 그의 가족을 구원에 이르게 할 메시지를 가져올 거라는 소식을 들었을 때(행 11:14), 고넬료는 아무 의심 없이 무조건 순종했다. 그러한 순종만이 하나님을 감동시킨다!

그것이 고넬료에게 무엇을 의미했을지 생각해 보라. 할례 받지 않은 이방인이었던 그는 유대인인 시몬 베드로에게 거절당할 수도 있었다. 과연 베드로가 고넬료의 말을 믿어 주고 그가 보낸 사람들을 영접해 줄 것인가?

고넬료는 믿음의 사람이었다. 천사가 말하자 그는 믿었다. 누가복음 1장 18절에서 가브리엘 천사에게 자기 아내가 아들을 낳을 거라는 말을 들었던 스가랴처럼 이성적으로 따지려 하지 않았다. 또 불타는 떨기나무에서 부르심을 받은 모세처럼 하나님과 논쟁하지도 않았다. 고넬료는 사람이 아니라 하나님을 두려워했다. 그는 순종했다. 그는 믿음으로 친척들과 친한 친구들을 불러 모아 자신의 집을 꽉 채웠다(행 10:27). 그는 베드로에게 큰 겸손과 감사를 표했다. 그리고 이렇게 말했다. "이제 우리는 주께서 당신에게 명하신 모든 것을 듣고자 하여 다 하나님 앞에 있나이다"(행 10:33).

다섯째, 우리는 하나님께 우리의 고넬료가 누구인지 물어야 한다. 평소에 사역과 교제를 위해 함께 어울리지 않았던 사람들은 누구인가? 나는 하나님이 이 장을 통해 우리에게 말씀하고 계신다고 믿는다. 사도행전 10장은 하나님이 이 땅의 그리스도의 몸을 완전히 새로운 안정기로 인도하여 연합에 관한 하나님의 뜻을 이루기 원하신다는 것을 말해 주고 있다. 그 결과는 전례 없는 복음 전도의 폭발적 성장이다.

여섯째, 우리는 협력하여 공동체를 섬겨야 한다. 그렇게 함으로써 우리가 요한복음 17장 23절 말씀을 실현하기 위해 교파와 인종을 초월하여 서로 연합하는 모습을 세상이 볼 수 있어야 한다. 이는 평상시와 위기의 순간에 둘 다 필요하다. 다음 이야기가 이것을 입증해 준다.

워싱턴 D. C. 제일장로교회의 담임목사였던 루이 에번스(Loui Evans) 박사는 도시의 빈민가에서 교회를 운영하던 자메이카 목사인 고(故) 샘 하인즈(Sam Hines) 박사와 함께 협력하여 일주일에 닷새 동안 가난한 사람들에게 먹을 것을 나누어 주는 사역을 했다. 교인들은 둘씩 짝을 지어 나갔는데, 각 교회에서 한 사람씩 나와 둘이 팀을 이루었다. 그들은 집집이 다니며 사람들에게 실제적인 도움이 필요한지 물어보고 그 일을 해주었다. 하나님 나라를 확장하기 위한 그 일은 대성공을 거두었다! 연합과 섬김, 겸손과 사랑, 무적의 결합!

일곱째, 우리는 또한 함께 복음을 전해야 한다. 이는 하나님의 인도하심을 따라 성실한 성품이 입증된, 기름부음 받은 복음전도자를 데려옴으로써 이룰 수 있다. 이 기준에 맞는 하나님의 종들은 최대한 쓰임 받아야 한다. 그리스도의 몸을 연합시키고, 그리스도인들을 성숙시키며, 잃어버린 자들을 전도하고 훈련하는 가장 효과적인 방법 중 하나가 바로 이 확실한 방법을 거치는 것이다. 빌리와 프랭클린 그레이엄의 선교 운동이 가장 좋은 예를 보여 주었고, 또 보여 주고 있다.

이 글을 쓰는 동안 플로리다 주 샌포드에서 일어나고 있는 일이 이 책에서 말하는 삼위일체 연합의 좋은 예가 된다. 스티브 스트랭(Steve Strang)이 그 사건에 대한 글을 썼고 다큐멘터리 영화로 제작하는 중인데, 나는 그의 열정적인 태도가 마음에 든다. 그 일은 17세 소년 트레이본 마틴(Trayvon Martin)의 비극적 죽음으로 시작되었으며, 여러 민족 집단이 그 사건에 개입하고 있다.

매스컴은 이런 면은 다루지 않고 부정적인 면들만 크게 다루었다. 즉, 스트랭의 보고에 따르면, 집회와 시위와 더불어 혐오스러운 과장법으로 불안과 혼란을 일으키고 있다는 것이다. 그러나 그리스도의 몸에 속한 리더십은 무작정 뛰어들어 참으로 아름다운 삼위일체 연합을 보여 줌으로써 그 모든 것에 반격하고 나섰다. 여러 교파와 인종들의 한 단면이 서로 협력하여 예수님이 요한복음 17장에서 말씀하신 영광을 나타냈다. 그것은 겸손과 사랑, 그리고 예수님이 간구하신 연합의 원칙을 실천하는 사람들에게 나타나는 영광이었다.

우리는 전 세계 그리스도의 몸 안에 여전히 남아 있는 교만과 편견을 성령님이 보여 주시고 깨우쳐 주시기를 기도해야 한다. 인종과 민족 간에, 남성과 여성 간에, 교파 간에, 선교단체들과 독립 교회들 간에 말이다.

짐과 나는 최근에 미국 역사상 매우 중요한 밤 집회 영상을 텔레비전으로 지켜보았다. 제임스 로비슨(James Robison)과 그와 비슷한 생각을 가진 강한 영적 리더들이 권위와 열정을 가지고 7천 명의 청중에게 말씀을 전했다. 그들은 "하나님 아래서 나눌 수 없는"(Under God Indivisible)이라는 주제 아래 텍사스 주 델러스의 큰 교회에 모여 있었다. 그 주제는 우리에게서 매우 근본적인 그리스도인의 신앙의 권리와 자유와 가족을 빼앗으려 하는 미국 소수집단의 움직임을 막기 위해 우리가 일어서서 목소리를 내고 할 수 있는 모든 일을 다 해야 한다는 절박한 필요와 관련된 것이었다. 이 중요한 때에 이 나라에서 하나님이 명하신 이 목적을 위해, 하나님의 백성이 어떤 희생을 감수하더라도 연합해야 한다는 것이 말씀의 요지였다. 참석자들은 모두 확실한 승자였다.

나는 우렁찬 목소리로 "아멘"을 외쳤다. 강한 연합이 이루어지고 진정한 사랑 안에서 능력의 진리가 선포된 그날 밤, 하나님은 큰 미소를 지으셨을 것이다. 그리고 사탄에게는 "내가 이 반석 위에 내 교회를 세우리니 음부의 권세가 이기지 못하리라"(마

16:18)는 예수님의 말씀을 상기시켰을 것이다.

우리는 성경적인 연합이 겸손에 뿌리를 두고 있다는 것을 배웠다. 겸손은 사랑으로 하나 되는 모습으로 나타난다. 성경적인 하나 됨은 "나는 당신이 필요하고, 당신에게 배울 필요가 있다"고 말하는 것이다. 초대교회의 특징이 바로 이런 하나 됨이었다. 그것이 그들이 그 당시 알려진 세상에 폭발적인 영향을 끼친 주된 이유였다. 그들은 연합하면 승리한다는 것을 알고 또 믿었다.

그들은 함께 기도했고, 함께 성령의 능력을 받았고, 함께 설교했고, 함께 복음을 전했고, 함께 하나님의 말씀을 가르쳤고, 함께 모였고, 함께 이야기했고, 함께 자신들의 소유물을 나누었고, 함께 예배 드렸고, 함께 기뻐했고, 함께 노래했고, 함께 고난과 핍박을 받았으며, 함께 위로받고, 함께 성찬에 참여했고, 함께 경험을 나누었고, 함께 울었고, 함께 살았다. 각각 근거가 되는 성경 구절이 있다. 예수 그리스도의 주 되심에 헌신한 그리스도인으로서 우리는 그분이 다시 오실 때 우리 모두 함께 올라가 영원히 함께 지내게 되리라는 것을 알고 있다. 그러므로 천국에서 불편하게 지내기를 원치 않는다면, 이 땅에서 참으로 겸손한 하나 됨을 경험하는 것이 좋을 것이다.

삼위일체 연합 안에서 살기 위한 헌신의 기도

친애하는 독자여, 다음과 같이 기도하기를 바란다.

사랑하는 하나님, 저는 삼위일체 연합이 가능하다고 믿습니다. 저는 모든 하나님의 자녀와의 관계에서 그것을 경험하고 싶습니다. 바로 지금 그것을 구하며, 하나님이 저에게 허락해 주실 것을 믿음으로 받아들입니다. 제 안에 사랑을 주시고, 저를 통해 다른 모든 사람에게 이 사랑이 흘러가게 하실 성령님께 순종합니다. 제가 꼭 필요한 참된 겸손을 마음 깊이 갈망하도록 이끄시며, 제 안에 이런 마음을 주시기를 간구합니다. 또 이런 연합이 효력을 나타낼 수 있도록 주님의 말씀의 원칙들에 순종하게 하소서. 하나님, 지금 또는 어느 때라도 저의 생각이나 말이나 행동이 주님의 몸 안에 분열을 일으키게 된다면, 주의 성령으로 저를 깨우쳐 주소서. 하나님이 보여 주시면 반드시 회개하고 보상하겠습니다. 주 예수 그리스도의 이름으로 기도합니다. 아멘.

당신이 진정 믿음으로 이 기도를 드렸다면, 하나님이 반드시 응답해 주시고, 당신을 연합시키는 자로 강력하게 사용해 주실 것이다.

조이 도우슨의 하나 됨

지은이 　조이 도우슨
옮긴이 　유정희

2013년 5월 6일 1판 1쇄 펴냄

펴낸이 　이창기
펴낸곳 　도서출판 예수전도단
출판 등록 　1989년 2월 24일(제2-761호)
주소 　경기도 고양시 일산동구 백석2동 1329 성지 밀레니엄리젠시 301호
전화 　031-901-9812 · **팩스** 031-901-9851
전자우편 　publ@ywam.co.kr
홈페이지 　www.ywam.kr
주문 　전화 031-908-9987 · 팩스 031-908-9986

ISBN 978-89-5536-424-8

책값은 뒤표지에 있습니다.
잘못된 책은 바꾸어 드립니다.